*Buch*

Henry Miller, der weltberühmte amerikanische Schriftsteller, der mit seinen Bekenntnisromanen die Literatur des 20. Jahrhunderts nachhaltig beeinflußt hat, der »Prophet des Fleisches« und Verfechter des Obszönen, hatte fünf Ehen hinter sich und war schwer krank, als er als Fünfundachtzigjähriger die junge Brenda Venus kennenlernte. Sie, die schöne Schauspielerin und Tänzerin, wurde seine letzte große Liebe. Von Anbeginn ihrer Beziehung hat Miller ihr geschrieben, nicht selten mehrmals am Tag. In diesen Briefen drückt er aus, was er körperlich nicht mehr ausleben kann: Liebe, Leidenschaft, Eifersucht, Begehren. Er gibt in ihnen ein letztes Selbstporträt; aus der Dankbarkeit für ein unverhofftes Gück kommend, sind sie wie ein Lobgesang auf das volle, heiße, ungeschmälerte Leben und seine Freuden.

*Verfasser und Empfängerin der Briefe*

Henry Miller wurde 1891 in New York geboren, lebte 1930–40 in Europa und starb 1980 in Los Angeles. Seine bedeutendsten Werke sind die Romane »Wendekreis des Krebses«, »Wendekreis des Steinbocks«, »Plexus« und »Big Sur«.

Brenda Venus ist in Hattiesburg im US-Staat Mississippi geboren und aufgewachsen. Sie lebt jetzt in Beverly Hills, nicht weit von Henry Millers letztem Wohnsitz.

# Brenda, Liebste...

## Henry Millers Liebesbriefe an Brenda Venus

Aus dem Amerikanischen
von Gertrud Theiss

GOLDMANN VERLAG

Ungekürzte Ausgabe
Titel der Originalausgabe: Dear, Dear Brenda
Originalverlag: William Morrow and Company, Inc., New York

Zwischentexte von Brenda Venus
Herausgegeben von Gerald Sindell
Produktion: Corwin/Sindell

Der Goldmann Verlag
ist ein Unternehmen der Verlagsgruppe Bertelsmann

Made in Germany · 1. Auflage · 8/89

Umschlagentwurf: Design Team, München
Druck: Presse-Druck Augsburg
Verlagsnummer: 9417
MV · Herstellung: Sebastian Strohmaier
ISBN 3-442-09417-8

DAVID A. HOFFMAN

Ein Hüne unter den Menschen, ein treuer Freund
und Inspirator aller Talente am Beginn ihrer Laufbahn.
Ohne seine unermüdliche Hilfe,
seinen Rat und seine Förderung
wäre dieses Buch nicht zustande gekommen.

Mein besonderer Dank gilt:

CORWIN/SINDELL

Stan Corwin – auch er ein Skorpion, der meinen Traum teilte,
und
Gerry Sindell – ein Mann mit Herz und unglaublichem Einfühlungsvermögen,

deren gemeinsame Bemühungen und ihr Sinn für Gliederung, Stil und Rhythmus aus viertausend Briefseiten die schlichte Wahrheit meiner »Affäre des Herzens« herausfilterten, und gewiß eine, auf die Henry Miller ebenso stolz gewesen wäre wie ich. Ich danke ihrem exquisiten Gespür für Thematik und Stoff, das sie an meine Tür führte; ihre ausgezeichnete Kenntnis der Verlagswelt hat mir ein neues und aufregendes Leben erschlossen – eines, das sie beide möglich machten.

PAT GOLBITZ
Eine großartige Frau, voll Enthusiasmus und Sachverstand. Es hat mich gefreut, die Arbeit, die mir so am Herzen lag, in ihren guten und fürsorglichen Händen zu wissen.

# Vorwort

Nach rund zehnjähriger Trennung gab ein willkommener Zufall mir Gelegenheit, Henry Miller, meinen alten Freund, wiederzusehen. Dieser Glückstreffer war das Angebot, die Andrew-Mellon-Vorlesungsreihe im renommierten California Institute of Technology in Pasadena zu halten. Wenn ich zusagte, würde ich nur ein paar Kilometer von Miller und etwa gleich weit von Anaïs Nin entfernt wohnen. Es war eine einmalige Chance, diese lange und wertvolle Freundschaft aufzufrischen und zu festigen, eine Freundschaft, die Ermüdungs- und Abnützungserscheinungen zeigte, wie die Gefährdungen räumlicher und zeitlicher Distanz sie nun einmal mit sich bringen. Und so erschien ich denn auf der Bildfläche (wie man so sagt), als der vorliegende Briefwechsel etwa bis zur Hälfte gediehen war.

Miller erzählte mir eine ganze Menge über Brenda Venus, und kein Tag verging, ohne daß er ihr nicht wenigstens eine kurze Mitteilung geschickt hätte. Der Gedanke an sie war allgegenwärtig. Er übertreibt nicht, wenn er sagt, daß sie ihn buchstäblich am Leben erhalte; tatsächlich konnte er dank ihrer Großmut und ihres Taktgefühls seine Tage in der wunderbaren Euphorie liebevoller Zuneigung beschließen. Die vorliegende Korrespondenz ist die Frucht dieser leidenschaftlichen »Affäre des Herzens« – eine durchaus treffende Wendung, da es sich in Anbetracht seines Alters und seines prekären Gesundheitszustandes kaum um etwas anderes gehandelt haben dürfte. Er war, wie er selbst schreibt, ein körperliches Wrack. Als sich dann die junge Schauspielerin in sein Leben verirrte, belebte ein frischer Wind die verblassende Erinnerung an Mona, June, Betty, Anaïs – und er verwandelte sich noch einmal in den jungen Liebhaber und

Renegaten seiner ersten Bücher. Welch ein Glück! Alle freuten sich von Herzen für ihn, nicht zuletzt seine Kinder und Freunde, denn jede denkbare Alternative war ganz einfach grauenhaft. Er wäre gezwungen gewesen, seine letzten Jahre in der armseligen Gesellschaft von Spritzen und Pillen zu verdämmern. Armer Henry! So aber verbrachte er sie im Rausch der Liebe, geschenkter, empfangener und respektvoll erwiderter Liebe. Brenda Venus spielte die glänzendste Rolle, die eine Schauspielerin sich nur wünschen kann – Muse und Pflegerin eines großen Geistes, dem die Kräfte schwinden. Welch ein Glück, daß sie gerade im rechten Moment auftauchte. Welch ein Glück auch, daß sie sensibel und mitfühlend war und ihrer bedeutenden Rolle in vollem Umfang gerecht werden konnte.
Miller hatte gerade die mißglückte Ehe mit der entzückenden japanischen Pianistin Hoki hinter sich, und sein Selbstvertrauen war ebenso angeknackst wie seine Gesundheit. In *Insomnia oder Die schönen Torheiten des Alters* hat er diese Phase rührend und anschaulich geschildert, weshalb ich mir die Details ersparen kann.
Mit dem Erscheinen der Brenda Venus änderte sich alles. Es gab den ganzen Tag über keinen Augenblick, in dem er nicht an sie gedacht, sich um sie gesorgt oder sie erwähnt hätte – ja seine Gespräche waren gespickt mit Anspielungen auf ihre Herzensgüte und ihren scharfen Verstand. Und fast ebenso häufig, wie er von ihr sprach, pflegte er seine jeweilige Tätigkeit zu unterbrechen, um ihr ein paar Zeilen zu schreiben. Ihm war sehr wohl bewußt, daß sein Leben die Talsohle erreicht hatte. Über seine Operationen – eine davon dauerte sechzehn Stunden – hatte er stets hartnäckiges Stillschweigen bewahrt. Aber seine geistige Beweglichkeit und sein frisches Gemüt ließen ihn so flott und schwungvoll erscheinen, daß man sich leicht täuschte und ihn viel jünger schätzte, als er war. Erst da ich ihn leibhaftig vor mir sah, merkte ich, wie mager und hinfällig er geworden war. Ein Kunststoffimplantat, wie ein Stück Gartenschlauch, das sein Herz mit einer

Vene im Oberschenkel verband, pochte unheilvoll in Hals und Brust. Für einen begeisterten Fußgänger – früher war er unglücklich gewesen, wenn er pro Tag weniger als zehn Kilometer laufen konnte, und in Paris ging er immer und überall zu Fuß; für einen solchen Mann war es jetzt, als sei er ans Bett gefesselt! Und um dem Ganzen die Krone aufzusetzen, war er auf einem Auge völlig, auf dem anderen fast blind. Diese Gebrechen sollte der Leser berücksichtigen, wenn er sich nun dem Briefwechsel zuwendet – ihm wird es vorkommen, als läse er das überschwengliche Werk eines Vierzigjährigen. Solcher Humor und solche Leidenschaft sind bezeichnend für die zärtliche Freundschaft und Hingabe seiner letzten Liebe.

Zwangsläufig weist eine derartige Korrespondenz, noch dazu aus nächster Nähe geführt, ein paar Mängel auf, wie etwa Wiederholungen oder gar Lücken, da die Briefschreiber sich ja täglich sahen; manche Passagen mögen beim Leser auch Anstoß erregen, denn Miller nimmt kein Blatt vor den Mund; wie in *Sexus* verfällt er bisweilen erneut in den Stil, den er selbst einmal als »anatomisch« bezeichnete; aber Miß Venus überstand solche Stürme mit bewundernswerter Geduld und Ausdauer – woraus sich ermessen läßt, wieviel ihr die Freundschaft mit ihm bedeutete und wie sehr sie ihn als Mentor schätzte. Freilich wird jeder, der ihn kannte, bestätigen, daß er ein faszinierender Mensch war, trotz jener unberechenbaren Momente, da er sich zum Außenseiter machte. Hier nun liefert er uns, wie schon in seinen autobiographischen Romanen, ein plastisches Selbstporträt an der Schwelle des Todes.

Die Rolle der Brenda Venus wird auch als Andenken an seine letzte große Liebe Interesse und Gewicht behalten – man könnte sagen, sie spielte den Ariel zu seinem Prospero. Sie gab ihm die Kraft, seinen Gebrechen zu trotzen und alle Freuden des Paradieses auszukosten. Wieviel Dank schulden wir alle ihr für ihre Güte und ihr liebevolles Verständnis!

LAWRENCE DURRELL

*Paris, im März 1983.*

# Danksagung

Meine Familie, mein Fundament des Lebens und der Liebe. Ich bete zu Gott, daß sie mich verstehen mögen. Lawrence Durrell, Ihnen danke ich für Ihre Weisheit, Ihr poetisches Feingefühl, die aufrichtige Zuneigung zu Henry Miller und für die große Ehre, daß ich Sie und Ihren herrlichen Humor kennenlernen durfte. Yuri Smalztoff mein Bruder, zwar nicht dem Blute nach, doch kraft weit stärkerer Bande: Verständnis fürs Überleben, Glaube, Hoffnung und selbstlose Liebe. Henry Bushkin, ein vornehmer Gentleman, ein brillanter Kopf, gütig, ein wahrer und treuer Freund. Danke für alles, was Sie getan haben, und für die gründliche Arbeit von Leanne und Jill. Pamela Phillips Oleand, ihre Ratschläge kamen stets von Herzen; in einem Traum, der Wirklichkeit wurde, entdeckte sie den Buchtitel. Georges Hoffman, ihm verdanke ich unschätzbare Hilfe bei der Konzeption, und er hat mich auch mit der Herzlichkeit von Henry Millers Paris bekanntgemacht. Jeff Robin zeigte mir einfach durch seine Art, daß es auch in der Geschäftswelt Integrität und Vertrauen geben kann. Nate Sassover mit seinem verständnisvollen Scharfblick und seinem Glauben an die Größe Henry Millers entdeckte das ideale Gespann Corwin-Sindell.

## Anmerkung des Herausgebers

Im Grunde enthält jeder einzelne der über fünfzehnhundert Briefe, die Henry Miller an Brenda Venus schrieb, irgendeinen Satz oder Abschnitt, der Aufnahme in dieses Buch verdient hätte. Aber ein Kompendium ausgewählter Fragmente, so interessant sie im einzelnen auch sein mögen, könnte nicht das einzigartige Flair dieser ungewöhnlichen Liebesgeschichte vermitteln. In der Hoffnung, so die Vitalität, Mannigfaltigkeit und Tiefe zu erhalten, die Miller seiner Affäre mit Brenda verlieh, haben wir die Dokumentation ausschließlich aus vollständigen Briefen aufgebaut. Oft schrieb Miller zwei-, dreimal *täglich* an Brenda, und nur durch Proben dieser gewaltigen Mitteilungsflut können wir verständlich machen, bis zu welchem Grad er tatsächlich für sie lebte.

In den Briefen wurde nur wenig gestrichen, und wenn, dann hauptsächlich, um unnötige Wiederholungen zu vermeiden. Eine wissenschaftliche Ausgabe, falls es sie gäbe, würde sich von der vorliegenden der Vollständigkeit, nicht aber der Substanz nach unterscheiden.

Mein persönlicher Dank gilt Allyn Johnston für ihre akribische Transkription der Originale, Stan Corwin für seine einzigartige Gabe, Dinge zu enträtseln, die uns anderen erst im Nachhinein klar werden, Pat Goblitz für ihren einfühlsamen Rat, Brenda für ihr Vertrauen in unsere Unternehmung und für ihren Mut, diesen sehr persönlichen und zärtlich gehegten Lebensabschnitt mit uns zu teilen; und schließlich Henry Miller, dem ich durch diese Briefe begegnet bin, für seine Leidenschaft.

*G. S. S.*

# *1976*

*An dem Abend, als ich mir einen Vortrag von Henry Miller in der Schauspielschule anhören wollte, brannte mein Haus nieder. Ich ging nicht zu der Vorlesung, aber ein paar Wochen später hatte ich immer noch den Wunsch, ihn kennenzulernen. Ich erkundigte mich nach seiner Adresse, um ihm schreiben zu können. Zur gleichen Zeit versuchte ich, meine Wohnung wieder herzurichten. Bei einer Nachlaßauktion entdeckte ich eine mehrbändige Erstausgabe mit dem Titel* Frauen im Wandel der Zeit. *Ich nahm eins der Bücher zur Hand; darin lag ein Brief von Henry Miller an eine Frau. Wie konnte ich* nicht *auf diese Erstausgabe bieten? Dreitausend Dollar weiter besaß ich sie und hatte Millers Adresse. Ich schrieb ihm, unter Beifügung des Briefes, den ich gefunden hatte, und legte auch ein paar »Studio«-Aufnahmen von mir bei, von denen ich dachte, sie könnten seine Neugier wecken.*

*Ein paar Tage später schickte Henry mir den ersten der fünfzehnhundert Briefe, die er mir schreiben sollte. Wir wurden gute Freunde und, vielleicht, sogar mehr.*

*Brenda Venus*

*

*9. Juni 1976*

*Liebe Brenda,*

heißt es wirklich »Venus«? Ich konnte es nicht entziffern, aber meine Sekretärin sagt, genau das hätten Sie geschrieben. Fast nicht zu glauben! Sind Sie Schauspielerin? Ist das Ihr richtiger Name oder ein Pseudonym? Ihrem Foto nach könnten Sie Schauspielerin sein – vielleicht mit einem Tropfen spanischen oder mexikanischen Blutes. Jedenfalls, ganz entzückend.

Ich bin neugierig zu erfahren, warum Sie einen vierundachtzigjährigen Schriftsteller wie mich besuchen wollen? (Übrigens zu schade, daß Sie die Vorlesung im Werkraum verpaßt haben. Kennen Sie Jack Garfein, der den Werkraum leitet?)

Gewiß würde ich mich freuen, Sie kennenzulernen, schöne Frauen sehe ich immer gern. Ich verbringe die meiste Zeit im Bett, wegen meiner Beine – Arthritis und Sklerose. Also könnte es durchaus sein, daß ich Sie in Pyjama und Bademantel empfange. Sobald ich wieder von Ihnen höre, rufe ich Sie an.

Wenn Sie so schön sind wie auf dem Foto, dann *Je vous embrasse tendrement.*

*Henry Miller*

*

*Noch bevor ich antworten konnte, schrieb Henry mir zum zweitenmal.*

*

*10/6/76*

*Liebe Brenda Venus!*

Habe den Brief gefunden, den Sie mitgeschickt hatten – vielen Dank! Ja, er war von Juney Lim, halb Japanerin, halb Chinesin. Freue mich, ihn wiederzuhaben. Bitte versuchen Sie sich zu erinnern, wie dieser Brief in eins Ihrer alten Bücher gelangt sein kann. Da muß doch *irgendein* Zusammenhang bestehen. Juney hat sich hier und da schauspielerisch betätigt – hatte auch (allerdings später) Verbindung zu Pornofilmern. Sehr gescheit, sehr attraktiv. Verkehrte viel in Schickeria-Kreisen. Sie erwähnten, daß Sie aus Mississippi stammen. Haben Sie da je von einem Städtchen namens Kosciusko gehört? Der dortige Buchladen führt meine Bücher – aber nicht die »unzüchtigen«. Ich kriege nur selten Post aus dem tiefen Süden. Vermutlich bin ich denen zu »ordinär«. Haben *Sie* meine Bücher gelesen?
Mehr in Bälde.

Cheers!
*Henry Miller*

*13/6/76*

*Liebe Brenda,*

habe Ihre beiden Schreiben erhalten. Es überrascht mich, daß Sie ein Foto von mir an der Tür hängen hatten.
Dieses Feuer, das Sie ausgeräuchert hat, erinnert mich daran, daß Aldous Huxley mal das gleiche passiert ist. Und er reagierte genau wie Sie. Erleichtert, die Bürde des Besitzes los zu sein!
Sie klingen wie eine sehr ernsthafte junge Frau. Daß Sie Ihre Mutter lieben, überrascht mich auch. Die meisten jungen Frauen heutzutage hassen ihre Mütter.
Ich hab meine Mutter gehaßt wie die Pest. Bin nie damit fertig

geworden. Aber wenn Sie meine Werke gelesen haben – haben Sie? –, dann kennen Sie die Geschichte wohl.
Sie erwähnen nicht, ob Sie Auto fahren und eins haben oder nicht. Ich fände es wunderbar, wenn wir bald mal zusammen essen gehen könnten.

*Henry*

*16/6/76*

*Liebe Brenda, Schatz,*

ich habe versucht, ein Nickerchen zu machen. Der Tag ist mir verdorben – auf wunderbare Weise. Nachdem ich Ihre beiden Briefe gelesen und wieder und wieder Ihre schönen Fotos angeschaut habe, kann ich nicht arbeiten, ich kann nur träumen. Und da ich keine wunderbaren Fotos habe, die ich Ihnen schicken könnte, schicke ich Ihnen etwas anderes. Ich wünschte, ich könnte mich zusammenfalten und mich Ihnen per Post in einem Umschlag zustellen!
Ich fuhr aus halbherzigem Schlaf hoch und dachte – wenn sie mir zwei Briefe auf einmal schreiben kann, kann ich's auch, erst recht.
Sie sagen, meine Schrift gefällt Ihnen. Ja, Brenda, ich schreibe alles mit der Hand, seit mein gutes Auge, das rechte, die Sehkraft verloren hat. Das war während der Bypass-Operation für meine Arterie – war zu lange auf dem OP-Tisch (sechzehn Stunden!), und der Sehnerv wurde gelähmt. Ein großes Handicap, das mich am Lesen, Schreiben und Malen hindert. (Ich habe nach dem Verlust des Auges noch ein halbes Dutzend Aquarelle gemalt, habe aber die Lust am Malen verloren. Ich habe bestimmt mehrere tausend gemalt.) Zum Glück merkt man nicht, daß ich auf einem Auge blind bin – es bewegt sich mit dem anderen – bin also nicht entstellt.
Sie erwähnen ein paar interessante Namen. Baudelaire, zum Beispiel. Haben Sie ihn wirklich gelesen? Und haben Sie je

Rimbaud gelesen? Über letzteren habe ich ein Buch geschrieben, *Vom großen Aufstand.* (Treffender Titel, was!) Meine Lieblingsautoren sind durch die Bank Europäer, mit Ausnahme von Isaac Bashevis Singer – ich hoffe, den haben Sie gelesen? Habe ich Ihnen erzählt, daß ich bald in die Ehrenlegion aufgenommen werde? In Paris haben die Prostituierten gegen meine Auszeichnung protestiert, weil sie finden, ich hätte sie schlecht behandelt, während ich immer dachte, ich sei sehr gut zu ihnen gewesen. Und hier hat die Frauenliga vor der Französischen Botschaft in Washington, D. C. demonstriert – »Ich bin ein dreckiges Chauvischwein«, sagen sie. Gerade das Gegenteil ist wahr. Ich liebe Frauen und stelle sie über die Männer. Männer haben den Krieg erfunden und andere Schrecknisse – zum Beispiel die Folter.

Ich bekomme viel Post von jungen Französinnen. Sie sind sehr intelligent, haben Scharfblick – und ich finde sie heller als amerikanische Frauen. Frauen, Frauen . . ., ich habe inzwischen sechs am Bändel, wie man so schön sagt, drei davon Orientalinnen.

Wissen Sie, Brenda, auf den ersten Blick hielt ich Sie für ziemlich kühl. Heute habe ich Ihren Mund studiert – er war verlockender, als ich zuerst gedacht hatte. Natürlich, und das wissen Sie nur zu gut, sind Ihre Augen wie große, leuchtende Gestirne – und sehr sanft, sehr verführerisch. Ich frage mich schon die ganze Zeit, welches der drei Völker, die sich in Ihnen mischen, dominiert. Ich hoffe, es ist das sizilianische. (Die Sizilianer haben heißes Blut. Der Indianer ist dagegen ziemlich kühl, glaube ich.)

Der beiliegende Waschzettel zum *Klimatisierten Alptraum* soll lediglich Ihre Neugier wecken, Ihnen aber nichts aufschwatzen. Auf jener einjährigen Alptraumfahrt durch Amerika hatte ich ein paar wunderbare Erlebnisse im tiefen Süden. Seltsam, daß mich nie eine von den schönen Südstaatlerinnen gereizt hat. (Vielleicht scheinen sie mir ein bißchen zu gekünstelt und ichbezogen.) Ich habe immer dazu geneigt, in der Südstaatlerin die Kokette zu sehen, die alles verspricht, aber nichts hält, die romantisch, aber unaufrichtig ist. Bitte ändern Sie meine Meinung! Schluß jetzt. Diesmal küsse ich Sie auf eine mir unbekannte Stelle.

*Henry*

*

*Ich war fasziniert, doch nicht erstaunt darüber, wie rasch Henrys Briefe einen vertraulichen Ton annahmen. Ich fand es aufregend und lustig, ihm Abzüge meiner Film- und Mannequinaufnahmen zu schicken. Mit einer Lupe analysierte er jedes einzelne Foto und kommentierte es. Das brachte uns einander nahe, noch ehe wir uns persönlich begegnet waren.*

*

*16. Juni 1976*

*Liebe Brenda,*

welche Überraschung! Sie *sind* großzügig – oder ist es Eitelkeit? All diese Fotos, und eins toller als das andere. (Ich mag den kleinen Leberfleck auf Ihrer Wange! Haben Sie nicht auch am Körper einen? Reine Intuition meinerseits.)
Sie fragen, ob ich Nietzsche oder Sartre gekannt habe? Nein! Nietzsche ist, glaube ich, schon vor meiner Geburt gestorben. Was Sartre angeht, so gefallen mir zwar seine Stücke, aber ich mag weder seine Romane noch seine Philosophie. Und Sie?
Nun zu dem Drachen. Komisch, in Big Sur ließ ich Drachen steigen – nur herrschte in den Canyons ein schrecklicher Fallwind, und die Drachen rissen entweder oder gingen verloren. Ich habe stets die alten Chinesen bewundert (oft

Literaten oder Philosophen), die im Alter Drachen steigen ließen, während ihre Singsangmädchen zusahen und in die Hände klatschten.
Leider gehe ich nicht mehr an den Strand. Ist zu anstrengend für meine Beine, durch den Sand zu stapfen. Kaum, daß ich noch ein paar Meter auf ebenem Grund zurücklegen kann, mit einem Stock und auf jemandes Arm gestützt. Ich habe Arthritis in einer Hüfte und Arteriosklerose in einem Bein.
Auf einem Foto (ich nehme an, ein Standfoto aus einem Film) beugt sich ein Mann über Ihre Hand, als wolle er sie küssen, und hinter ihm macht ein anderer ein furchtbar grimmiges Gesicht. Wer ist oder war das? Und ist das Clint Eastwood, mit dem Sie am Strand sitzen? Sie haben mir zwei Porträtaufnahmen nur von Ihrem Kopf geschickt. Das sind die besten. Auf einem zeigen Sie ein winziges Lächeln. Das geht mir unter die Haut. Ich spüre, daß Sie *mich* anschauen. Aber was für ein schmachtender Blick! Auf dem Bild kann ich vage das »Halsband der Venus« erkennen. Einfach bezaubernd!
Schicken Sie mir weiter Fotos, wenn möglich. Ich finde sie wundervoll! Während Ihrer (körperlichen) Abwesenheit kann ich zu diesen Bildern sprechen, sie küssen und umarmen, ohne Sie auch nur um Erlaubnis zu fragen. Männer meines Alters sind sehr empfänglich für weibliche Reize. Kriegen nie genug.
Schluß jetzt, oder ich werde endlos weiterschwärmen. Ich hoffe, Sie haben Ihre Erkältung gut überstanden. Und sei's auch nur um Ihres Geliebten willen! (Glauben Sie's nicht!) Wohin soll ich Sie küssen, liebe Brenda? Ich mag Ihren winzigen Nabel. Da werde ich, mit Verlaub, einen Kuß draufdrücken!

*Henry*

Ich schreibe den Rest im Schlaf. Dort gibt es keine Zensur! Ich wiederhole, Sie sind wirklich bezaubernd. Wie wird man so? Sie müssen wundervolle Liebe von Ihren Eltern empfangen haben, denn Sie scheinen durch und durch Liebe zu sein.

*17. Juni 1976*

*Liebe Brenda,*

es ist erst kurz nach neun, aber ich kann nicht schlafen. Sie haben mich behext! Jetzt, da ich weiß, daß Sie Skorpion sind, muß ich sehr achtgeben, damit mein Herz nicht in Scherben bricht. Ich bin verrückt nach Skorpion-Frauen, wie Sie bestimmt schon gemerkt haben.

Um es gleich vorwegzunehmen, ich habe Schuldgefühle, weil ich Ihnen Avancen mache. Ehrlich gesagt, bin ich nämlich schrecklich verliebt in eine Frau – auch Schauspielerin, aber Chinesin! –, und das schon seit zehn Jahren. Es ist eine »ewige« Liebe – und ich meine das ganz ernst. Doch ich bin ein Mann, wenn auch schon 84 Jahre alt, und als solcher bin ich immer in eine oder zwei oder drei oder vier verliebt. Trotzdem kommt es mir diesmal so vor, als betröge ich meine große Liebe. Aber wahrscheinlich, weil Sie Skorpion sind und außergewöhnlich schön und aus dem tiefen Süden stammen, ist es mir unmöglich, Ihnen zu widerstehen. Ich möchte Ihnen näherkommen und gleichzeitig auf Distanz gehen. Was kann ich einer jungen Frau wie Ihnen bieten? Mir scheint, ich kann nur nehmen – und in meinem Alter ist das doppelt verwerflich. Dennoch bin ich sicher, daß wir uns in natura begegnen werden – und das bald. Vielleicht erlauben Sie mir sogar, Sie in die Arme zu nehmen – kurz. (?) Dieses Halsband der Venus fasziniert mich. Ich kann nichts dafür, da ich ja weiß, was es bedeutet.

Ich erwarte Ihren Brief. Am Telefon klingt Ihre Stimme ganz hell, und manchmal entgeht mir ein Wort oder ein Satz.

Ich versuche rauszukriegen, in welchem Viertel Sie wohnen. Der Grund? Weil ich Sie bald zum Essen einladen möchte, und zwar im Imperial Gardens, dem japanischen Restaurant gleich unterhalb vom Chateau Marmont am Sunset Boulevard. Das heißt, wenn es Ihnen nichts ausmacht, mich abzuholen und hinzufahren. Ich fahre nicht Auto und habe auch keinen Wagen. Kennen Sie den Weg zu mir? Fahren Sie den

Sunset Blvd. Richtung Strand bis zur Kreuzung Chautauqua Blvd. Dort biegen Sie links ab, dann 2 Querstraßen weiter rechts; von dort sind's 2 *kurze* Blocks bis zum Ocampo Drive, und meins ist das dritte Haus auf der linken Seite. Hat einen Balkon. Ist das klar? Und könnten Sie das irgendwann machen? Ich gehe schon seit einer Reihe von Jahren in dieses Restaurant. Dort habe ich Hoki, meine japanische Ehefrau, kennengelernt.

Nun habe ich alles ausgeplaudert. Jetzt sind Sie dran.

Verzeihen Sie, wenn es so aussieht, als wolle ich Sie drängen, aber das liegt nur daran, daß Sie so verführerisch sind, so verlockend, so unwiderstehlich.

Ich werde Sie vielleicht gründlich enttäuschen. Wenn dem so sein sollte, dann lassen Sie es uns rasch hinter uns bringen!

Jetzt werde ich mich wieder hinlegen. Ich werde auch im Bett an Sie denken und ein Phantasiegespräch mit Ihnen führen. Wie ist das als pro tempore?

*Je vous embrasse encore une fois et plus tendrement.*

*Henry Miller*

*12/6/76*

*Liebe Brenda,*

versuchte, Sie heute abend gegen 7 Uhr anzurufen. Am anderen Ende meldete sich ein Mann, schroff und kurz angebunden. Dachte, ich hätte mich vielleicht verwählt, deshalb hab ich aufgelegt. Entschuldigung.

Zeigte meiner Tochter Val heute abend Ihre Fotos. Sie fand sie außergewöhnlich schön. Den *Eiger Sanction* Film kannte sie. Erkundigte sich, was Sie von mir (sic!) wollen. Hoffe, bald von Ihnen zu hören.

*Henry*

*25/6/76*

*Liebe Brenda,*

sind Sie noch da? Ich habe mehrmals angerufen, konnte Sie aber nie erreichen, genau wie umgekehrt. Gegenströmung! Mein Sohn Tony hat *The Eiger Sanction* gesehen (er ist ein Eastwood Fan!), und er meint, wenn Sie die Indianerin gespielt hätten, seien Sie großartig – und Sie hätten einen phantastischen Körper!! Freut Sie das?

Alles Gute!
*Henry*

*Zur Zeit schwitze ich mich kaputt!!*

*Samstag – 26/6/76*

*Meine liebe Brenda*
*(oder die Botticelli vom Mississippi),*

ergibt keinen Sinn, oder, klingt aber gut...
Liebe Brenda, heute habe ich vier Briefe auf einmal von Ihnen bekommen. Wunderbar! Sie erwähnen meine Finger – ja, die haben einmal Klavier gespielt und auf dem Glockenspiel der Frauen so manche Melodie geklimpert. Wissen Sie, daß ich von einer Schönheit wie Ihnen mit Briefen überschüttet werde, macht mich ein bißchen geil, verzeihen Sie den Ausdruck.
In Ihrem ersten Brief schreiben Sie, daß Sie mich irgendwann nachmittags besuchen wollen und dann mit mir in Ihrem Porsche zum Essen fahren. (Mir wäre auch ein VW recht.) O. K., liebe Brenda – an einem Tag oder Abend in der kommenden Woche – vielleicht Donnerstag oder nächsten Sonntag: im Imperial Gardens, wo man mich fürstlich bedient.
Ich habe eine ganze Reihe schöner Frauen dort hingeführt, aber Sie dürften den Vogel abschießen. Ich schwärme für

dunkles Haar und dunklen Teint. Was für eine Farbe haben Ihre Augen – heliotrop?
P. S. Muß mich kurz fassen – erwarte Besuch. Schreibe vielleicht heute abend noch mal.
Habe vor einer Weile (ungefähr um 2 Uhr) versucht, Sie anzurufen. Dachte, daß ich vielleicht Glück hätte und Sie daheim wären.

Beste Wünsche, Küsse und Umarmungen, etc.

*Henry*

*Dienstagabend 29/6/76*

*Liebe Brenda,*

es war keine Eitelkeit, was mich darauf brachte, heute abend eine Nachricht auf Ihrem Anrufbeantworter zu hinterlassen.
Ich dachte, Sie hätten diesen Kurzfilm vielleicht noch nie gesehen und er könnte Ihnen gefallen.
Heute abend spüre ich, wie meine Seele sich entfaltet, oder, um aufrichtiger zu sein, mir wird bewußt, daß ich tatsächlich eine Seele habe.
Wobei mir einfällt, daß ich einen ausführlichen und sehr intimen Briefwechsel mit einer bildschönen Japanerin (nicht Hoki!) führte, die in Japan eine engagierte Feministin war.
Schließlich kam sie mich besuchen, und während wir über meine Seele sprachen, hielt sie meinen Penis in der Hand. Es war die reinste Wonne.
Irgendwie ist mir heute abend auch zum Bewußtsein gekommen, daß ich eine Weltpersönlichkeit bin. Ich gehöre der Welt, nicht Amerika oder Frankreich. Ich kann so denken, ohne daß mein Ego sich aufbläht.
Hören Sie, Donnerstag gibt ein französischer Freund für mich eine Privatvorstellung des erotischsten Films, der je in Japan gedreht wurde; mein Freund ist der Verleiher. Der

Titel ist französisch – *L'Empire de Sens*. Ich wünschte, Sie würden ihn mit mir zusammen sehen.
Fast alle auffallend schönen Frauen, die ich gekannt habe, schienen an mangelndem Selbstvertrauen zu leiden. Man sagt, Schönheit sei nur oberflächlich. Diese Frauen fürchten also, ihr Charakter könne sich womöglich nicht mit ihrer Schönheit messen. Oft werden sie frigid, oder doch beinahe. Es hat mich gefreut zu hören, daß Sie immer verliebt waren. Ich kenne Männer, sogar bei den Franzosen, die nie eine Frau unter 21 anrührten.
Wann man anfängt zu vögeln, ist überhaupt nicht wichtig, nur wie man es tut. Ob mit Herz und Seele oder nur mit der Möse.
Ich habe Ihnen ja gesagt, das Halsband der Venus sei von Bedeutung. Ihr ganzer Körper ist also eine einzige erogene Zone. Wie wundervoll!
(Es heißt übrigens nicht »Rerzidiv«, sondern »Rezidiv«. Ich hoffe, es geht bald vorbei.) Fieber sind gefährlich. Erlaubt ist einzig das Fieber der Liebe. Oder wie ein französischer Autor – Maupassant, glaube ich – gesagt hat: »Das beste an der Liebe ist der Weg die Treppe hinauf.«
Um den Ton zu wechseln: Haben Sie einen von Lina Wertmüllers Filmen gesehen? *Alles auf seinem Posten* vielleicht? Das ist eine Frau, die ich bewundere, so wie Germaine Greer. Beide sind offener, dreister, mutiger als die meisten Männer. Und beide sind ungewöhnlich tüchtig. Lina steckt meiner Meinung nach als Regisseur jeden Mann in die Tasche.
Als ich *Alles auf seinem Posten* sah, fühlte ich mich an *Wendekreis des Krebses* und *Sexus* erinnert. Humor und Vögelei – jede Menge..., man konnte sich richtig den Bauch vollschlagen. Hollywood bietet uns sowas nicht, trotz seines riesigen Staraufgebots.
Zur Frage nach dem Orient: Nein, ich bin nie in China, Japan oder Indien gewesen, aber diese Länder sind mir vertraut wie aus einer früheren Inkarnation. Folgendes habe ich in einer Luxusausgabe von *Insomnia* (für Japan) über die japanische

Frau geschrieben: »Es will mir scheinen, als sei die japanische Frau auf diese Erde geschickt worden, um einen Hauch von Schönheit und Freude in einer Welt zu verbreiten, welche die Männer vom Anbeginn der Zeit häßlich und unbewohnbar zu machen versuchten.«

Sagt Ihnen das etwas? Ich finde, die französische Frau ist wunderbar, weil sie die gleichberechtigte Partnerin ihres Mannes ist und an all seinen Unternehmungen teilhat. Ist Ihnen je aufgefallen, wie mangelhaft wir Amerikaner uns auf die Kunst der Konversation verstehen? Nicht so die Franzosen! No, Sir!

Nun, meine schönste, wunderschönste Brenda, schicken Sie mir weiterhin Fotos, enthüllen Sie immer ein bißchen mehr.

Ich habe Sie gestern abend gegen halb elf zurückgerufen, doch Sie haben nicht abgenommen. Waren Sie aus oder mit einem anderen Liebhaber im Bett? (Haben Sie je beim Geschlechtsverkehr telefoniert – oder den Hörer zwischen die Beine geschoben?)

Von »dem anderen unverbesserlichen Romantiker«,

Tschau – *Bonne Nuit!*
*H. M.*

Donnerstag- und Freitagabend bin ich zum Essen eingeladen. Haben Sie je von Lorenzo Music gehört? Fast so charakteristisch wie Brenda Venus, oder? Schluß jetzt. Kein Papier mehr.

Gute Nacht. Schicken Sie Ihre Seele im Traum auf Wanderschaft.

*Henry*

*Mittags, 1/7/76*

*Liebe Brenda,*

kann nicht viel schreiben – erwarte Besucher zum Mittagessen und führe heute abend Gäste ins Imperial Gardens. Aber ich habe versprochen, Ihnen über den Film von gestern abend zu berichten.

Nun, es war eine gründliche Enttäuschung. Meines Erachtens war es ein Porno, aber aufgemotzt mit Handlung und starker sexueller Faszination zwischen den beiden. Tatsächlich beruht der Film auf einer wahren Geschichte, von der ich seit Jahren wußte, aber man hat sie ausgewalzt, umgemodelt und überspitzt dargestellt.

Als der Film zu Ende war, habe ich dem Mann, der ihn mir zeigte, gesagt, daß ich ihn gräßlich fände. Das Drehbuch könnte der verstorbene Marquis de Sade verfaßt haben. Jede Stellung wird ausprobiert, und einmal benutzen sie den Vibro – sehr schmerzhaft.

Die Frau ist die reinste Nymphomanin; sie dreht am Ende sogar regelrecht durch: sexuell. Sie erwürgt den Mann langsam, während sie auf ihm reitet. Angeblich soll das der Höhepunkt sexueller Befriedigung sein. Und als er tot ist, hackt sie ihm den Penis ab und trägt ihn im Kimono mit sich herum, bis sie sich schließlich der Polizei stellt. Ich spürte während der ganzen Vorführung keinerlei sexuelle Regung und auch nicht das geringste Herzflattern – aber ich muß zugeben, daß ich sowas noch nie gesehen habe.

Ich glaube, die Japse sind regelrecht besessen von Sex und Tod. Beides ist bei ihnen Dauerthema. Mishima ist der beste Beweis. Die Untertitel waren englisch, nicht französisch. Der Film kommt hier bald in die Kinos. Ich bezweifle, daß er den Amerikanern gefallen wird, egal, wie verrückt sie auf Sex und Gewalt sind. In einer Szene schaut eine 70jährige Alte zu, wie die beiden vögeln. Sein Mädchen schlägt vor, er solle der alten Frau was Gutes tun. Also macht er sich dran, es ihr ordentlich zu besorgen. Mitten drin stirbt die alte Frau.

Immer wieder hält seine Geliebte ihn auf – irgendwo –, weil sie vögeln will, sie kann nicht warten, er soll es ihr machen, hier und jetzt! Er sagt: »Aber die Leute können uns sehen.« Sie antwortet: »Ist mir egal.« Sie ist einfach verrückt auf Sex. Trotzdem erregt es einen nicht, geschweige denn, daß man sich einen runterholen würde.
Nach dem Film war ich im St. Germain eingeladen – französisches Restaurant, Ecke Melrose und Cahuenga. Phantastisches Essen! Waren Sie schon mal da?
Muß jetzt aufhören. Post ist noch nicht durch. Wie Sie, warte auch ich immer auf den Briefträger, obgleich das meiste langweilige Fanpost ist!
Jetzt ist die Post da! Mal sehen, ob wieder was von *Ihnen* dabei ist.

*Henry*

*Samstag, 3/7/76*

*Liebe Brenda*,

kein Brief von Ihnen, aber ein paar herrliche Fotos! Haben Sie ganz herzlichen Dank. Das Nacktfoto mit dem Kind – nicht *Ihr* Kind, oder? Haben Sie mit der Pose ein berühmtes Gemälde nachgestellt? Meine Lieblingsbilder sind immer die von Ihrem Kopf allein – Sie sind *so* schön! Aber Ihr Gesicht hat's mir angetan.
Übrigens haben Sie auf dem Foto mit dem Kind einen völlig anderen Ausdruck in den Augen. Sie sehen aus wie jemand ganz anderer!
Ich wünschte, Sie hätten ein paar Zeilen beigelegt. Ihre Schrift ist zwar scheußlich, wie ich Ihnen ja schon gesagt habe, aber ich kriege so gern was von Ihrem »Herzflimmern« mit! (Haben Sie mal den französischen Film von Louis Malle gesehen – »Herzflimmern«?)
Gestern abend bin ich, wie ich Ihnen schon im letzten Brief

schrieb, bei einem Geburtstagsessen im Scandia's gewesen. Es war sagenhaft. (War zum erstenmal da.) Ich stelle es über die besten französischen Restaurants in L. A.!! Nur, was für gefräßige Typen schaufeln diese phantastischen Speisen in sich rein. Ich nehme an, Sie sind schon oft dorthin ausgeführt worden?

Wenn ich vom Imperial Gardens rede, muß Ihnen das ziemlich popelig vorkommen, aber ich schwärme nicht nur für die japanische Küche, sondern auch für das Ambiente und die japanischen Kellnerinnen – jedenfalls für einige von ihnen, vor allem die Wirtin, Chizuko, die recht groß ist für eine Japanerin, aber eine grazile Figur hat. Ich hoffe, daß sie an dem Abend da ist, wenn wir zusammen hingehen.

Nun, liebe Brenda, hoffentlich stört jetzt kein Alpdruck Ihren Schlaf. Ersetzen Sie den Dämon durch meine Wenigkeit, wenn Sie können.

Wann wir uns sehen? Ich hoffe, nach dem Unabhängigkeitstag. Wenn Sie zwischen halb fünf und fünf vorbeikommen und mich zum Imperial Gardens fahren könnten, das wäre schön (am liebsten Donnerstag oder Sonntag), schön und erstklassig.

O ja, zwar nur eine kleine Episode, die Ihnen aber vielleicht Spaß macht. Als ich sechzehn war, ging mein Vater (zum erstenmal) mit mir in ein New Yorker Theater – ein echtes Drama. Man gab – *Ein Gentleman aus Mississippi*, und wer spielte die Hauptrolle? Wenn ich mich recht entsinne, kein anderer als Fatty Arbuckle, der Komiker, der beschuldigt wurde, einem armen Luder eine Cola- oder Bierflasche in die Möse gestoßen zu haben. Ist das nicht komisch? Ich selber bin schon, seit ich sieben oder acht war, ins Theater gegangen. Ich schätzte besonders das Vaudeville im Palace *und* Minskys Varieté in der Houston Street. June oder Mona (meine zweite Frau) trat in den zwanziger Jahren bei der Theatre Guild auf.

Genug davon. Ich werde geschwätzig wie ein altes Weib.

Nochmals meinen herzlichsten Dank für die reizenden

Fotos. (Mit Brille gefallen Sie mir nicht. Setzen Sie sie nicht auf!)
P. S. Sie sind sehr großzügig. Ungewöhnlich bei Frauen! Geben Sie sich *nicht* zu leichtfertig hin. Warten Sie, bis den Kerlen die Zunge aus dem Hals hängt! Schreiben Sie mir bald, oder schreiben Sie womöglich grade jetzt an mich?

*Henry*

*4. Juli 1976*

*Liebe Brenda*,

ich habe versucht, es auszuschlafen wie einen bösen Traum, so wie ich es der *L. A. Times* gesagt habe, aber ich schaff's nicht. Ich hab soviel Zeit verschlafen, und doch glaube ich, daß ich noch weiterschlafen *kann*, bloß, weil es nichts anderes zu tun gibt.
Ich habe drei unfertige Manuskripte auf dem Schreibtisch, und meine Farben und Pinsel liegen alle auf dem Pingpongtisch ausgebreitet, aber ich kann mich zu nichts aufraffen. Ich bin wie ein leerer Sack.
Ich denke immer nur an *Sie*. Und Ihre Telefonnummer geht mir dauernd durch den Kopf – 273-1518. Sie sehen, welch mächtigen Zauber Ihre Fotos ausüben. Ich erkenne das Indianerblut nun sehr deutlich in Ihnen – und das sizilianische, *in den Augen*. Die Bilder sprechen alle von Liebe. Ihr ganzes Wesen strahlt Liebe aus. Sie sind wie die Venus von Botticelli. Sie sind ganz sprühender Schaum und Seetang. Ihr Blick kommt aus den Tiefen, nicht aus Mississippi. Sie sind nicht wirklich. Sie sind der Traum eines Traums. Und ich versuche verzweifelt, ihn zu ergreifen.
Neulich habe ich irgendwo gelesen, daß jeder Aal der Welt im Sargassomeer geboren werde. Sobald er ein oder zwei Jahre alt ist, durchschwimmt er Tausende von Meilen bis zu dem Fluß, in dem er gezeugt wurde. Warum schreibe ich Ihnen

das? Ich weiß es nicht. Mein Sohn braucht für alles, was er tut, einen Grund. Ich verabscheue Logik und Begründungen. Ich mache oder schreibe irgendwelche Sachen, um herauszubekommen, warum ich sie tun wollte. Für mich ist die Entdeckungsfreude das Höchste. Die Welt wurde gestern geboren; ich werde morgen verschwinden. »Le bel aujourd'hui«, wie mein Freund Blaise Cendrars zu sagen pflegte.
Und am heutigen Tag, *qui n'est pas si bel*, widme ich mich Ihnen... Wenn ich genug Mut und Esprit aufbringe, werde ich Sie im Laufe des Tages anrufen, erwarte allerdings nicht, Sie zu erreichen. Ich hoffe, Sie haben mir geschrieben oder sind dabei. Dienstag möchte ich einen Brief von Ihnen im Kasten sehen, oder zwei oder drei. Ich brauche Sie wie die Sünde (merkwürdig ausgedrückt, nicht?).
Ich habe einen Fan in Neuguinea, der mir dauernd so merkwürdige Fotos wie das beiliegende schickt. Können Sie sich vorstellen, so was als Maske zu *tragen*?
Ihr Mund ist so verlockend!!! Verzeihen Sie mir mein unausgesprochenes Verlangen.

*Henry*

*

*Fast einen Monat lang hatten wir uns mindestens einmal pro Tag geschrieben, einander aber noch nicht persönlich kennengelernt!*
*Eines Nachmittags klingelte das Telefon, und Henry war am Apparat; er wollte sich noch für denselben Abend mit mir zum Essen verabreden. Ich wählte ein smaragdgrünes Kleid, weil ich dachte, die Farbe würde ihm gefallen.*
*Ich fuhr zu seinem Haus und wurde von der Wirtschafterin eingelassen, die mir den Weg zu seinem Schlafzimmer zeigte. Als ich hereinkam, schlief er gerade.*
*Ich blieb ein paar Minuten in der Tür stehen, bis er die Augen öffnete. Er sagte: »Brenda, sind Sie's? Einen Moment lang hielt ich Sie für eine Erscheinung!«*
*Ich trat näher und lächelte. Irgendwie hatte ich das Gefühl, ihn schon mein ganzes Leben lang zu kennen.*

*

*5. Juli 1976*

*Meine liebe Brenda,*

Du bist unverfälscht echt! Ich war entzückt, das lebendige Ebenbild der außergewöhnlichen Fotoschönheit kennenzulernen. Ich hoffe, der Abend war für Dich genauso wundervoll wie für *mich*. Auf deutsch würden wir sagen – *ausgezeichnet* oder *fabelhaft*!!!
Heute überraschte mich ein weiterer Brief von Dir. (Erlaube mir die Bemerkung, daß der Brief, den Du im Theater im Dunkeln geschrieben hast, ebenso leserlich ist wie all Deine Briefe vorher.)
Ich habe ein paar Stunden lang Post erledigt. Welch eine Plackerei! Jetzt kann ich aufatmen! Dir muß ich nicht schreiben, da macht es Spaß. (Ich bin bloß ein bißchen groggy.) Macht aber nichts.
Was mich an Dir beeindruckt hat, war, daß Du so aufrichtig

bist, so offen und grundehrlich. Eine andere Frau mit Deinen Erfahrungen hätte sich die Flügel verbrannt oder zumindest angesengt. Wie Rimbaud – Du dagegen bist »intakt« geblieben (jedenfalls hoffe ich das!).
Ich muß Dir auch gestehen, daß es mich nie so erregt hat, eine Frau in die Arme zu nehmen, wie Dich mit Deinem sportlichen, elastischen, festen Körper. Ich war wie vom Blitz getroffen. (Ganz schön vermessen, wie?) In gewissem Sinne haben wir uns dämlich geredet. Und doch habe ich das Gefühl, daß wir beide einander noch sehr viel mehr zu offenbaren haben. (Du kannst übrigens gut zuhören.)
Ach ja, bevor ich es vergesse, diese Geschichten über Anaïs Nin, die ich Dir erzählt habe! Ich hoffe, Du wirst mich nie verraten und sie weitererzählen. Es würde mir das Herz brechen. Besonders jetzt, wo sie doch im Sterben liegt.
Du bist so vernünftig – und eine Denkerin im wahrsten Sinne des Wortes. Du magst Dir viel aus Büchern angeeignet oder von Deinem ehemaligen Mäzen gelernt haben, aber es hört sich an, als schöpftest Du alles aus Dir selbst. Auch so leicht und natürlich.
Das Mädchen aus Mississippi hat eine enorme Entwicklung durchgemacht. Und das unter solch schwierigen Bedingungen! Bravo! Ich verneige mich vor Dir!
Und nun schließe ich mit einer Phantasieumarmung und herzlichen Küssen.

*Henry*

*Samstag, 9/7/76*

*Liebe Brenda,*

es ist ein komisches Gefühl, heute keinen Brief von Dir vorzufinden. Du hast mich bisher sehr verwöhnt.
Weißt Du, was mich neulich abend richtiggehend aufgeregt hat? Durch das Viertel zu fahren, wo Du wohnst. Ich wünschte, du hättest einen Umweg gemacht, damit ich Dein Haus hätte aus der Nähe sehen können.
Brenda, wie heißt und wo liegt bitte nochmal dein kleines Lieblingsrestaurant? Ich möchte es bei Gelegenheit selbst in Augenschein nehmen.
Ich erfuhr gerade von einer jungen Journalistin, daß ihr Freund Francis Coppola *(Der Pate)* schon bald für eine Woche nach L. A. zurückkommt und daß er mich bei der Gelegenheit gern zum Essen einladen würde. Kennst du ihn eigentlich? Wie geht es Dir zur Zeit? Du fehlst mir. Ich verehre Dich, Deinen Körper und Deine Seele.

*Henry*

*

*Henrys Haus war ein schlichtes, weißes, geräumiges, zweistöckiges Gebäude mit einem makellos gepflegten Rasen davor. Da er wußte, daß ich für Gardenien schwärme, kaufte er mehrere und ließ sie zu beiden Seiten des Eingangs aufstellen. An der Tür klebte folgender Text:*

> *Wenn ein Mann ein hohes Alter erreicht und seinen Auftrag erfüllt hat, steht es ihm zu, sich in Frieden mit dem Gedanken an den Tod vertraut zu machen. Er braucht keine anderen Menschen, die kennt er schon und hat genug von ihnen. Was er braucht, ist Frieden. Es gehört sich nicht, einen solchen Mann aufzusuchen, ihn mit Geschwätz zu plagen und mit Banalitä-*

*ten zu quälen. Man sollte an der Tür seines Hauses vorbeigehen, als ob niemand dort wohnte.*

MENG TSE

*Die Tür war schwarz gestrichen. Rechts neben der Treppe hing ein Ölbild von Henry und eins von seiner Tochter Val.*
*Weiter hinten im Flur sah man zur Linken ein ausgefallenes Schwarzweißbild von Ava Gardner, einer guten Freundin von ihm. Und bei der Küchentür ein geheimnisvolles und betörendes Porträt von June Smith, seiner Exfrau, auf dem sie Ähnlichkeit mit Greta Garbo hatte. Zur Rechten, auf Henrys Schlafzimmer zu, hingen mehrere Aquarelle, die er in früheren Jahren gemalt hatte, und auch ein Foto von Anaïs Nin.*

*Ich mochte sein Schlafzimmer besonders gern, vielleicht, weil wir dort so viele tolle Gespräche führten und Geheimnisse austauschten. Es war ein behaglicher Raum und der hübscheste im ganzen Haus. Es roch darin wie im Zimmer eines Neugeborenen. Auf dem alten Messingbett lag eine cremefarbene Satin-Steppdecke. Sehr elegant. Über dem Bett hing ein riesiges Gemälde, das später gegen eins von seiner Hand ausgetauscht wurde. Zur Linken ein Foto, das George Hurrell von uns beiden aufgenommen hatte. Ich war im Profil zu sehen, und mein Haar ergoß sich über seine Schultern. Er schaute in die Kamera. Dieses Foto gefiel ihm am besten, und er versuchte sein Sehvermögen daran zu trainieren. Dicht beim Fußende seines Bettes stand vor der Wand ein großer weißer Schreibtisch, und darauf waren die Fotos all seiner guten Freunde wie Joe Gray, Alfred Perlès, Lawrence Durrell und ein phantastisches Farbfoto von Lisa Lu. Außerdem auch mehrere Bilder aus seiner Zeit in Big Sur.*
*An der Wand gegenüber befand sich ein Regal mit einigen seiner Lieblingsbücher, von denen viele inzwischen vergriffen waren. In einer Truhe daneben, die mich an die Schatzkiste eines Piraten erinnerte, verwahrte er meine Briefe, Fotos und Geschenke. Aus dem Fenster seines Schlafzimmers blickte man auf exotische Blumen, üppige Pflanzen und Baumriesen rings um seinen Swimming-pool mit Olympiaausmaßen.*

*Ebenfalls zum Pool hin lag ein riesiger Raum, der ihm als Malzimmer diente. Farben, Pinsel und Block waren fein säuberlich auf einem Pingpongtisch ausgebreitet.*

*Das Wohnzimmer war spärlich möbliert, nur ein paar Sessel und Sofas; außerdem ein Fernseher und einer der größten gemauerten Kamine, die ich je gesehen hatte. Er saß gern vor dem Feuer und roch den Duft des brennenden Holzes.*

*In der Küche stand ein großer Tisch mit Stühlen ringsum; an den Wänden hingen Aquarelle, die er entweder selbst gemalt oder von Freunden geschenkt bekommen hatte.*

*Das Badezimmer ist eine Art Wahrzeichen seines Hauses. Dieses Badezimmer sah ich zum ersten Mal in einem Dokumentarfilm über Henry. Schon damals war ich verblüfft, doch wieviel mehr, als Henry mir dann das Haus zeigte. An den Wänden klebten Bilder von Dutzenden von Leuten aus seiner Vergangenheit. Einige zeigten seinen ihm sehr nahestehenden Freund Blaise Cendrars; ferner waren da viele Nacktfotos von schönen Frauen, manche Filmstars, andere ganz gewöhnliche Frauen. Und von einem Foto blickte ein indischer Guru im Lotussitz herab, der jeden in dem kleinen Raum zu beobachten schien.*

*Seine Kinder, Tony und Val, wohnten im Obergeschoß und mit ihnen die jeweilige Wirtschafterin, die gerade Henry und den Haushalt betreute.*

*Die vorderen Zimmer wurden nur höchst selten benutzt, mit Ausnahme des Wohnraums, der an ein paar Tagen in der Woche seiner Sekretärin als Büro diente. Aber in jedem Zimmer waren Bücher, viele Bücher. Und eine Menge davon waren die, welche Henry selbst geschrieben hatte und die nun in einer Vielzahl von Übersetzungen vorlagen.*

*

*Sonntag, 10. Juli 1976*

*Liebe Brenda,*

versuchte Dich heute gegen Mittag anzurufen, aber bei Dir war besetzt. Hielt es für das beste, Dich an Deinem freien Tag nicht zu stören.

Aber ich muß Dir ganz einfach wieder schreiben. Hast Du was dagegen? Dein Bild steht mir beständig vor Augen. Ich ertappe mich dabei, wie ich mit Deinem »Astralleib« spreche! Vielleicht ist's alles Unsinn, aber ich glaube nicht!

Ich habe gerade ein wunderbares Buch über Walt Whitman gelesen, der mein amerikanischer Lieblingsautor ist. Was habe ich dabei nicht alles gelernt. Besonders über Freundschaft und Liebe. Mein Leben lang war ich mit guten, herzlichen Freunden gesegnet, so sehr, daß meine Frauen richtig eifersüchtig wurden auf sie. Ist es nicht Ironie, daß der größte Rivale einer Frau der beste Freund ihres Mannes sein kann, statt eine andere Frau?

Ich stelle mir vor, daß Du viele Freundinnen und auch Freunde hast. Und ich meine Freunde, nicht Liebhaber. Du scheinst eine vollkommene Frau zu sein. Ich kann mir nicht einmal vorstellen, daß Du eifersüchtig bist.

Heute abend wird eine von Vals Schauspielerfreundinnen für mich kochen. (Ich wünschte, sie wäre Du.) Immerhin ist sie eine gute Gesprächspartnerin, und es ist angenehm, mit ihr zusammen zu sein.

Dienstagabend wird die persische Dame für mich kochen. Sie legt sich mächtig ins Zeug!

Brenda, mir scheint, ich bin heute ziemlich geistlos. Verzeih mir diese lauen, schwachen Zeilen.

Hoffentlich habe ich morgen Post von Dir. Ich sehe die Umschläge immer zuerst durch, um festzustellen, ob einer von Dir dabei ist. Es ist ein Rausch oder eine Sucht, wie immer Du es nennen willst.

Ich sehe Dich immer noch auf dem Spülbecken in der Küche sitzen, ohne Dich darum zu kümmern, ob Dein Kleid naß wird oder nicht. Ich erinnere mich auch noch daran, wie Du die Kellnerin im Imperial Gardens angelächelt hast. Du hast etwas Königliches, und bist (auch) ein Wildfang.

Alles Gute!
*Henry*

*15. Juli 1976*

*Meine süße Brenda,*

ich bin total ausgehungert von dem Lunch im Presseclub zurückgekehrt. Das Essen war eine seltsame amerikanische Angelegenheit. Kein Wein – nur Kaffee und Tee zum Essen. Nach einer Tasse Suppe gab's Salat (den ich nicht gegessen habe) und dann ein Stück Kuchen. Das war alles! Ich erwartete einen weiteren Gang, aber der kam nicht. Trotzdem hat man mir einen schönen Empfang bereitet. Die Leute bombardierten mich unablässig mit Fragen und lachten sehr viel – also muß ich wohl gut angekommen sein. Es waren lauter Auslandskorrespondenten. Gott sei Dank keine Amerikaner!
Als ich heimkam, habe ich ein kleines Nickerchen gemacht, und dabei wanderten meine Gedanken zurück zu diesem japanischen Erotik-Porno, von dem ich Dir erzählt habe. Wenn er hier ins Kino kommt, würdest Du ihn Dir dann vielleicht mit mir zusammen ansehen? Ich würde gern die Meinung einer Frau darüber hören, besonders die einer Frau, die selbst in der Filmbranche ist und nicht prüde oder zimperlich und die einen kritischen Verstand hat.
Nun möchte ich ein paar Worte über den Stapel Fotos verlieren. Sie liegen neben mir, obenauf das, welches Du Dein »Ultra Hollywood«-Bild nennst. Es ist meines Erachtens außergewöhnlich schön und verführerisch – vielleicht wegen der Art und Weise, wie Dein volles Haar um Deinen Kopf drapiert ist. Aber der Ausdruck in Deinen Augen ist erregend. Als nächstes kommt das im Bikini um vier Uhr mor-

gens. Mein Gott, siehst Du da hinreißend aus! Entschuldige meine Assoziation, aber ich kann nicht anders: Du siehst aus, als wartest Du nur darauf, daß Dich einer aufs Kreuz legt. Obgleich Du es bestimmt nicht mit Absicht gemacht hast, streckst Du doch das Becken höchst verlockend heraus. Und was für Schenkel Du hast! Wie gemacht dafür, einem Mann die Rippen zu zerdrücken!

Soll ich weitermachen? (Ich höre Dich Ja sagen!) Als nächstes kommt das Mädchen mit dem Strohhut. Erinnert mich an ein berühmtes Gemälde von Matisse. Das Muster auf der Hutkrempe ist faszinierend – als Motiv.

Zum nächsten habe ich nichts zu sagen – Du schreibst auf der Rückseite »In Gedanken an jemanden, den ich vor langer Zeit geliebt habe«. Eine flüchtige Erinnerung an Laurette Taylor, je von ihr gehört?

Das nächste – mit russischem Tänzer, ist wie aus Ravels »Bolero« – *non*? Ich bin eifersüchtig auf ihn. Auch verstehe ich nicht, was Du mir über Deinen derzeitigen Liebhaber, Dan, zu sagen versuchst. Eine kleine Anmerkung . . ., mir fällt auf, daß, selbst wenn Dir die Träger von den Schultern rutschen, Deine Brüste nicht rausschauen! Welche Körperbeherrschung! Oder ist das sorgsam einstudiert?

Und jetzt kommen wir zu einem, das Du als »vulgär« bezeichnest. Bei einer anderen Frau könnte es das sein, aber nicht bei Dir! Dein Blick ist wunderbar. Natürlich wandert das Auge des Betrachters sofort zum Schritt; man kann auch nicht übersehen, daß Du die eine Brustwarze mehr als gewöhnlich entblößt – stimmt's? Brenda, man könnte das wahrscheinlich eine geile Pose nennen, aber bei einem Körper wie dem Deinen ist alles gestattet. Außerdem, bist Du nicht das Mädchen, das mir geschrieben hat, ihr ganzer Körper sei eine große erogene Zone? Hast Du mir nicht auch gesagt, daß meine sogenannten obszönen Bücher nicht obszön seien, sondern naturgetreu? Weißt Du, es ist seltsam, aber als ich den Umschlag mit den Fotos öffnete, da dachte ich mir – »Ich wette, diesmal schickt sie mir ein paar sexy Aufnahmen!« Es

überrascht mich, daß Du den Begriff »vulgär« verwendest. Dieses Foto ist nicht vulgär, sondern gewagt. (Danke für Deine Anmerkungen auf der Rückseite der Bilder.)
Das nächste ist falsch benannt. »Ziemlich langweilig«, hast Du auf die Rückseite geschrieben. Alles, nur das nicht, würde ich sagen. Es ist praktisch eine »Aufforderung zum Tanz«, um es vornehm auszudrücken. Trägt man solche Badeanzüge tatsächlich – und wo – in Italien oder La Riviera? Ich habe in unserer Gegend noch keinen solchen gesehen. Wirklich scharf. Und die Art, wie Du Deine Hand hältst, bringt uns erst recht zum Bewußtsein, was uns entgeht. Man fragt sich: »Warum haben sie am Bauchnabel haltgemacht? Warum schneiden sie nicht ein paar Zentimeter tiefer und gönnen uns die ganze Show?« (Habe ich Dich beleidigt – hoffentlich nicht!)
Und nun zum letzten, dem, das Dir gefällt. Ich bin ganz Deiner Meinung. Deine Pose ist fast die einer Eleonora Duse, meiner erklärten Lieblingsschauspielerin. Sie und die Garbo ... *c'est tout*. Jesus, habe ich einen Hunger, und nicht bloß aufs Essen. Vielleicht lege ich Deine Fotos heute nacht unter mein Kopfkissen, um die Träume herbeizulocken, nach denen mich verlangt, hast Du was dagegen?
Brenda, Deine Briefe versetzen mich zusehends ins »Delirium« – ich glaube, das ist das richtige Wort dafür. Was mir an erogenen Zonen verblieben ist, zuckt in hoffnungsloser Erwartung. Nichts auf der Welt könnte mich mehr in Erregung versetzen, als Dich zu nehmen (umständlicher Ausdruck) oder auch nur Deine Muschi zu berühren. Du behandelst einen alten Mann wie mich fürstlich. Ich könnte auch sagen, wie einen Prinzen. Aber jeder Brief, jedes Foto steigert nur seine (niederen) Gelüste. Du weißt das zu schätzen, nicht wahr?
Ich rede diesmal ziemlich gewagt, aber das nicht ohne Ermunterung, wie mir scheint. Stell Dir ganz einfach vor, eine erogene Zone nimmt Radarkontakt mit einer anderen auf. Ich bin sicher, wir sprechen die gleiche Sprache, benutzen nur verschiedene Wörter. Habe ich nicht recht?

Brenda, ich muß aufhören, sonst ... Um Dir Dein Horoskop zu stellen, braucht man den Geburtsort und die Stunde, in der Du geboren wurdest. Kannst Du diese Angaben beibringen? Dann werde ich sehen, was Omarr, mein Astrologen-Freund, daraus macht. Obwohl er an multipler Sklerose leidet, hat er (4) Frauen am Bändel, meistens auf der Schwanzspitze!

*Henry*

*Später am selben Tag – 18. Juli 1976*

*Brenda, meine Wonne!*

Ich habe vor ein paar Minuten versucht, Dich anzurufen, weiß aber nicht, ob ich den Anrufbeantworter dran hatte oder nur Ätherwellen. Also legte ich auf.
Doch Du bist immer noch bei mir, wie ein Fötus in der Gebärmutter (bloß fehlt mir die Gebärmutter).
Ich wollte Dich schon lange fragen, ob Du je eine dieser berühmten Liebesgeschichten gelesen hast:

1) Tristan und Isolde
2) Abelard und Heloïse
3) Laura und Petrarca

Was Orpheus und Eurydike angeht, so lege ich bei, was meine Sekretärin im Lexikon gefunden hat. Leider ist es nicht viel. Du scheinst mich für einen großen Gelehrten zu halten – aber das bin ich nicht. Ich habe sehr viel gelesen, doch nichts Wissenschaftliches.
Bei zwei Autoren wüßte ich gern, ob Du mal was von ihnen gelesen hast – 1) Dostojewski, 2) Isaac B. Singer? Oder, und hier handelt es sich um meinen immerwährenden Favoriten – Knut Hamsun, Verfasser von *Hunger*, *Victoria* und *Mysterien*, unter anderem. Kennst Du ihn? Ich bewundere besonders seine Darstellung der Liebe. *Mysterien* ist mein erklärtes Lieblingsbuch. Habe es sechs- oder achtmal gelesen und würde es morgen wieder lesen, wenn jemand es mir in die Hand

drückte. Wenn Du es versuchen möchtest, werde ich ein Exemplar für Dich auftreiben. Ich fürchte nämlich, der Roman ist längst vergriffen. Falls Omarr recht hat, wenn er sagt, daß der Skorpion in die Charaktere hineinschlüpft, über die er liest, dann bin ich auch ein Skorpion. Ich flippe aus, wenn ich *Mysterien* lese, doch meine Kinder, die durchaus belesen sind, machen sich nichts draus. Knut Hamsun ist mein Lieblingsautor, wenn auch Dostojewski der größere Schriftsteller ist. (Kennst Du seine berühmte Frauenfigur – die Filippowna – in *Der Idiot*?)

Nun, heute abend scheine ich mich wohl ziemlich abgekühlt zu haben, wie? Aber das ist nur eine Folie oder Maske. Darunter glühe ich noch immer für diese Frau Venus. Übrigens habe ich Dir ein Exemplar von Omarrs Büchlein über den Skorpion im Jahre '76 geschickt. Schlag's auf, wo ich die Seite umgeknickt habe. Ich kenne den Skorpion auswendig. Bin neugierig, wo Deine Venus, Dein Mars und Mond stehen? Wird eine Menge erklären. Kennst Du die Arie aus Wagners *Tristan und Isolde*? Weißt Du, daß die Oper beinahe von der Zensur verboten worden wäre? Die Musik ist ungemein sinnlich. Die geht einem ins Blut, das ist gar keine Frage. Einfach ein anhaltender »fragrant delectus«. Ich meine den »Liebestod«. Mit anderen Worten – ein Dauer-Orgasmus. Aber wahrscheinlich weißt Du das alles schon ...

Sag mir, wie bist Du mit Coppola zurechtgekommen? Nimmt er Dich wieder unter Vertrag? Jesus, ich stelle heute abend aber eine Menge Fragen. Verzeih! Ich klinge wie ein Schullehrer. Doch es ist nur so, daß ich gewisse gute und schöne Dinge gern mit Dir teile. Kapiert?

Hast Du mal diesen Softporno *Emmanuelle* gesehen? Hat er Dir gefallen? Ich bin neugierig. Genug gefragt. Ich bin begierig auf weitere Briefe und Fotos. Es gefällt mir, wie Du Deine Zeit nutzt und mir zu ungewöhnlichen Zeiten an ungewöhnlichen Orten schreibst. Großartig! Wenige Frauen scheinen das zu können. Aber ich vergesse dauernd, daß Du keine gewöhnliche Frau bist, Du bist Brenda, der Vulkan, die *con furiosa*,

*toujours prête à bruler tout ce qu'elle touche* (das heißt: stets bereit, alles in Brand zu setzen, was sie berührt).
Hoffentlich kann ich einschlafen. Gestern nacht wachte ich, ausgeschlafen, um halb zwei auf. Hatte Lust, Dich anzurufen, wie Du es einmal vorgeschlagen hast, wollte Dir aber keine schlaflose Nacht zumuten.
Du hast erwähnt, daß der Mond seit ein paar Tagen im Sternbild des Steinbocks steht. Das erklärt meinen verqueren Brief, nein?
Brenda, ich umarme Dich ganz fest und küsse Dich leidenschaftlich tausendmal. (Gib mir mehr Kraft, o Herr!)

*Henry*

*

*Henry hielt sich für medial begabt und glaubte, auch hellseherische Fähigkeiten zu besitzen. Er pflegte gewisse Ereignisse vorherzusagen, von denen manche tatsächlich eintraten. Außerdem faszinierten ihn Astrologie, Astronomie und Zahlenmystik. Manchmal schickte er mir seine parapsychologischen Deutungen.*

*

*Am selben Tag – ein wenig später*

*Geliebte*,

lasse ich mich zu weitschweifig über Deinen Körper aus? Vergiß nicht, daß Du es bist, die diese Bewunderung weckt. Mir scheint, ich muß ein paar Gedanken über Deinen Geist und Deine Seele äußern, denn auch, was diese beiden angeht, hat Gott Dich reich bedacht. Als erstes denke ich an Deine Stimme, ihre Tonart und -höhe. Sie wechseln nie, ob das Wetter nun schön ist oder schlecht, was bedeutet, daß Du harmonisch und ausgeglichen bist – zumindest in der Öffentlichkeit oder in meiner Gegenwart. Falls du Gefühlsausbrüche hast, zeigst Du sie nicht. Deine Stimme ist immer glokkenrein. Außerdem hat sie einen freudigen Klang oder besser ein Klingeln. Du denkst mit Deinem ganzen Organismus, inklusive Deiner intimen Stellen, vielleicht mit denen ganz besonders. Das gibt allem, was Du tust oder sagst, Farbe – selbst einer einfachen Geste. Mache ich Dich zu vollkommen? Nein, ich sehe Dich nur mit dem Blick eines Anbeters. Deine Seele ist durch und durch geheimnisvoll – aber sie ist intakt und großzügig und verständnisvoll. Falls sie hassen kann, so kann sie auch vergeben. Sie ist beständig wie ein Fels in der Brandung. Sie wechselt nicht die Farbe wie das Chamäleon. Sie hat etwas Löwenhaftes an sich. Du bist ein ungiftiger Skorpion. Man kann Dich ohne Furcht als Haustier halten. Du strahlst Frieden aus und Wohlwollen. Deine sexuellen Phantasien sind ererbt und entspringen eher dem Herzen als der Vulva. Deine Reinheit ist das Ergebnis Deiner Vitalität, und die wiederum ist ein Gottesgeschenk. Du hast einen Zug von Semiramis an Dir, aber der wird in dem Maße schwinden, wie Deine Liebe stärker wird.
Das ist alles, was ich Dir heute abend erzählen kann. Sei Donnerstag bei mir – gut in Form.

Dein Anbeter
*Henry*

*Eines Morgens rief ich Henry an und fragte, ob ich am späten Nachmittag, gegen halb fünf, vorbeischauen, ihn umarmen und ihm Guten Tag sagen dürfe, und er meinte ja, aber er würde um sechs zum Essen ausgehen. Er empfing mich an der Tür, wie er es oft tat, wenn er guter Stimmung war, und ich umarmte ihn wie versprochen und gab ihm einen Kuß, und wir zockelten in sein Schlafzimmer und redeten etwa eine Stunde lang nonstop. Als wir dann in den Wohnraum gingen, damit er mir die neuen Bilder zeigen konnte, die er an dem Tag gemalt hatte, läutete es an der Tür. Sein Gesicht nahm diesen schelmischen Ausdruck an, und er sagte: »Brenda, rasch, hinter den Vorhang. Das ist Lisa Lu, und ich habe ihr noch nichts von dir erzählt. Sie wird sehr eifersüchtig werden, wenn sie dich hier sieht.« Also führte er mich hinter den Vorhang und drapierte die Falten fein säuberlich so, daß sie meinen Körper verdeckten und es aussah, als sei niemand da. Aber meine Füße schauten vor, und daran ließ sich nichts ändern, daß die Vorhänge ein bißchen zu kurz waren.*

*Er trug mir auf, mich völlig ruhig zu verhalten, weil er großen Ärger bekäme, wenn ich entdeckt würde. Ich sagte: »Okay, ich werde einfach den Atem anhalten.« »Nein«, erwiderte er, »mach das nicht. Du könntest sonst ohnmächtig werden.«*

*Vom Flur aus flüsterte er, bevor er die Tür öffnete: »Brenda, geht's dir gut?« Ich sagte: »Na klar, aber beeil dich, denn sehr bequem ist es hier nicht.«*

*Ehe er die Tür aufmachte, konnte ich ihn leise lachen hören, so als sei er wirklich im Begriff, jemanden gehörig übers Ohr zu hauen. »Na so was!« begrüßte er Lisa, »du bist ein bißchen früh dran, nicht wahr? Warte hier, ich muß noch meinen Mantel holen.« Lisa sagte: »Aber du stehst doch direkt vor der Garderobe.«*

*Henry ließ sich nicht in Verlegenheit bringen. »Ich bin wohl ein bißchen aufgeregt, so sehnsüchtig habe ich auf dich gewartet. Verzeih, ich mach nur schnell das Licht im Pingpongraum aus. Muß Strom sparen, verstehst du.«*

*Augenzwinkernd kam er zurückgeeilt, um mir mitzuteilen, daß wir mit knapper Not einer heiklen Situation entronnen seien und daß alles glatt ginge.*

*»Sie hat nicht den geringsten Verdacht geschöpft.«*

*Mir fiel ein, daß er mit Anaïs Nin Ähnliches erlebt hatte, nur hatte damals er sich hinter dem Vorhang verstecken müssen.*
*In einem früheren Brief hatte Henry erwähnt, daß er mindestens sechs Frauen »am Bändel« habe. Ich glaube, daß all diese hübschen Frauen ihm einen Grund gaben weiterzuleben, jeden Morgen wieder aufzuwachen, weil er sich vorstellen konnte, er sei noch immer der Romeo von anno dazumal. Solange er träumen konnte, hatte er die Kraft, seine Leiden und Schmerzen mit einem Achselzucken abzutun.*

*

*21. Juli 1976*

*Meine liebe, liebe Brenda,*

ja, ich schreibe vielen Frauen ebenso Männern, meine Korrespondenz ist gewaltig und erstreckt sich über den ganzen Erdball. Aber versteh das nicht falsch – ich schreibe nicht allen Frauen so wie Dir. Ich führe zwar einen recht herzlichen (sehr freundschaftlichen) Briefwechsel mit einer schönen Japanerin in San Francisco und mit einer jungen Koreanerin (eine begnadete Pianistin), die vielleicht in mich verliebt sind. Aber, meine liebe Brenda, ich könnte unmöglich eine Schönheitsgalerie unterhalten – wie einen Stall voller Stutenfohlen. Das ist wider die menschliche Natur. Ich möchte es auch gar nicht. Ein Verleger, der ein großer Fan von mir ist und mir viele Kunstbücher schenkt, beschrieb in seinen Memoiren unsere ziemlich späte persönliche Begegnung – gute Dialogwiedergabe – und schloß mit der Behauptung: »Noch als 82jähriger möchte H. M. jede Frau vögeln, die ihm über den Weg läuft.« Doch das stimmt nicht. Es gibt so viele Frauen, die mich zu Tode langweilen. Vielleicht denken die Emanzen genauso über mich, aber die haben nie begriffen, daß ich die Frauen in ihrer Gesamtheit liebe. Und warum auch nicht? Doch ich kann nicht alle Frauen gleichermaßen lieben. Und

Brenda, bitte glaub mir, Du bist etwas ganz, ganz Besonderes für mich... Ich weiß nicht, ob das gut war, daß Du mich Coppola gegenüber so in den höchsten Tönen gelobt hast. Wahrscheinlich wird er nicht dichthalten. Wenn die Reporter je von unserem Treiben Wind bekämen, würden sie mich lächerlich machen bis auf die Knochen!
Wie konnte ich nur vergessen, Dir von Coppola zu erzählen – oder hab ich's doch getan? Er ist überhaupt nicht gekommen. Mußte sich vor dem Rückflug auf die Philippinen mit Marlon Brando treffen. Brando scheint mit dem Drehbuch nicht einverstanden zu sein!
Um auf Francis zurückzukommen, ich bin sicher, er hätte Dich gern in seinem Stall, vorausgesetzt, daß er einen hat. Darum war er so schüchtern. (Auch Männer sind manchmal schüchtern, weißt Du, oder »unschuldig«, so wie ich. Haha!) Du sagst, die »großen Liebhaber« seien eins Deiner Lieblingsthemen. Hoffentlich nicht *Deine* Liebhaber. Du meinst Leute wie die Garbo? Das ist auch mein Lieblingsthema. Das und »unerwiderte« Liebe.
Wenn Du die Bücher ausgelesen hast, die ich morgen bringe, dann habe ich noch mehr für Dich – falls Du Lust drauf hast. Zum Beispiel: Ich habe das Buch über Walt Whitman, die Sage von Tristan und Isolde, *Gegen den Strich* von Huysmans (Oscar Wilde nannte es seine Bibel der Ästhetik). Es liegt bei Dir, wieviel du aufnehmen kannst. Wenn ich sagte »verkraften«, würde das nach *Deep Throat* klingen und nach der Schwertschluckergeschichte, stimmt's?
Also gefällt Dir meine sinnliche Schreibe auch! Ist Dir klar, daß Du Dich oft hinter Euphemismen versteckst? Das heißt, nicht genau sagst, was Du meinst. Wie die Katze um den heißen Brei gehst.
Und was die Aktfotos betrifft – läufst Du bei Dir zu Hause nicht manchmal nackt herum? Wußtest Du, daß Benjamin Franklin das zu tun pflegte und allen guten Amerikanern empfahl, es ihm nachzumachen? Es entspannt, man fühlt sich frei, Haut und Kreislauf profitieren davon, und man entwik-

kelt einen Sinn für den eigenen Körper. Bis zum Modellstehen ist es da nur ein kleiner Schritt. Natürlich denke ich nicht an Pornofilme, weder an solche von der weichen noch solche von der harten Sorte. Aber Dein Körper ist ein Geschenk für die Welt! Mach ihn bekannt. Als die junge Frau, die für Botticellis Venus Modell gestanden hatte, eines frühen Todes starb, drehten die Leute durch, warfen sich über ihren Sarg, weinten und jammerten. Auch du bist eine Venus – *en chair et en os*, wie die Franzosen sagen – was soviel heißt wie »leibhaftig«. Höre ich mich an wie ein »Hedonist«? Wie könnte es bei Dir auch anders sein? Du verführst zu romantischen Träumen, »the skin one loves to touch«, zu nächtlichem Samenerguß und Gott weiß was allem.
Liebe Dich selbst! So wie Du erwartest, daß andere Dich lieben.

Tschau!
*Henry*

*

*Henry war fasziniert davon, daß ich Indianerblut habe, und er schlug vor, wir sollten »Blutsbrüder« werden. Ich hielt es für eine rührende Idee, und bevor ich noch recht wußte, wie mir geschah, hatte Henry mich schon überredet, ein Federmesser zu sterilisieren. Ich fing an und ritzte mir das Handgelenk auf. (Ich habe an der Stelle noch immer eine winzige Narbe.) Dann nahm Henry das Messer und tat des Guten ein bißchen zuviel. Wir tauschten unser Blut aus und schworen einander ewige Liebe. Plötzlich fiel mir auf, daß Henrys Wunde nicht aufhören wollte zu bluten. Ich holte eilends ein Handtuch und verband ihm damit das Handgelenk, doch jedesmal, wenn ich nachschaute, entdeckte ich frisches Blut. Ich war schon drauf und dran, den Notarzt zu rufen, als die Blutung endlich zum Stillstand kam. Henry fand das Ganze ungemein romantisch.*
*Nicht lange danach kam Henry zum Essen zu mir nach Hause. Er*

*war melancholisch gewesen, wie er das nannte, und deshalb wollte ich ihm ein besonderes Geschenk machen, um ihn aufzumuntern. Als erstes erzählte ich ihm ausführlich einiges, was ich über Captain John Smith und Pocahontas erfahren hatte und was für mich immer besonders interessant gewesen war. Pocahontas war eigentlich der erste weibliche Diplomat; sie repräsentierte die Neue Welt in London. Schon als junges Mädchen hatte sie John Smith, dem sie viele Male das Leben rettete, eine Phiole, gefüllt mit ihrem Blut, geschenkt, die er an einer Schnur, welche sie aus ihrem langen, schwarzen Haar geflochten hatte, um den Hals tragen sollte. Sie erklärte ihm, dies sei das größte Geschenk, das sie ihm machen könne, um ihre Liebe zu beweisen. Es sei ihr »Herzblut«.*

*Nun haben wir in meiner Familie mütterlicherseits auch so ein besonderes Präsent. Das Erstgeborene in jeder Generation bekommt ein Familienkleinod, einen sechskarätigen Rubin, der dem Kind auf die Stirn gelegt wird, um ihm besondere Kräfte zu verleihen. In meiner Generation war ich die glückliche Empfängerin, und der Stein sollte an mein Erstgeborenes weitervererbt werden. Doch da ich weder Kinder noch unmittelbare Heiratspläne hatte, beschloß ich, mit der Tradition zu brechen. Und nachdem ich Henry die Geschichte von Pocahontas erzählt hatte, gab ich ihm den Rubin.*

*Er freute sich riesig über sein Geschenk, und von da an trug er den Stein jedesmal, wenn er ausging, am Hals. Ein paar Wochen, nachdem er den Rubin von mir bekommen hatte, verehrte er mir eine Münze, die er viele Jahre lang getragen hatte. Er erzählte mir auch die Geschichte dieses Geschenks: Vor Jahrhunderten sei die Münze in einer versenkten Schatztruhe gefunden worden, und ehedem habe der Heilige Franziskus von Assisi sie getragen.*

*Meine Mutter sprach übrigens danach ein halbes Jahr lang nicht mehr mit mir.*

*

*23. Juli 1976*

*Meine geliebte Brenda,*

gestern abend ging ich mit einem Gefühl der Glückseligkeit zu Bett. Was für einen wunderbaren Abend hast Du mir beschert! Sei tausendmal bedankt! (Und hier schicke ich Dir inzwischen ein paar hundert Küsse.)
Ich kann es noch immer nicht fassen, wie schön Dein kleines Heim ist. In jeder Hinsicht wie Du. Zu schade, daß Bonnard, Renoir, Dubuffet, Braque oder Picasso Dich nicht gemalt haben. Sitz nur den Meistern! Schlaf nur mit den Meistern! Iß und trink mit Krethi und Plethi, aber mehr auch nicht.
Als Du in dem weißen Abendkleid mit den Keksen rauskamst, war ich überwältigt. Was für eine Schauspielerin Du doch bist! Vor allem aber erinnere ich mich an die zärtlichen Blicke, die Du mir schenktest, die herzliche Umarmung, die Küsse, mit denen Du mich überhäuftest.
Ein ulkiger Vorfall geht mir nicht mehr aus dem Kopf. Wie Du mich ins Bad führtest und dann stehenbliebst, so als erwartetest Du, daß ich Dich bitten würde, mich abzuhalten. Ich bin sicher, genau das hättest Du auch getan, wenn ich Dich dazu aufgefordert hätte! Was für eine Frau! Und dann die Geschichte mit Oliver. Einfach phantastisch. Großartig! Genauso wird sich eines Tages irgendein Regisseur auf Dich stürzen, Dich zu seinem Star machen und dafür sorgen, daß Du in der ganzen Welt berühmt wirst.
Oh, ja, und diese abenteuerliche Geschichte von Pocahontas. Captain John Smith verbrannte – und ihre Haltung. Wie edel manche Frauen sein können! Welch ein Jammer, daß man uns in den Geschichtsbüchern nicht die nackte Wahrheit sagen kann. Mir scheint, ich bin zum Bersten voll mit wunderbaren Erinnerungen an den gestrigen Abend – Leckerbissen, die meinen Schlaf versüßen. Seligkeit, Seligkeit – ganz ohne Zweifel. Der Blutsbruder im Rausch der Begeisterung. Aber zuverlässiger, beständiger. Ich werde Dein Herzblut in Ehren halten. Habe es sicher versteckt.

Nun, ich nehme an, Du bist schon unterwegs nach Utah und zu Dan. Es ist herrlich, daß in Deinem Herzen Platz für uns beide ist. Oder bilde ich mir da ein bißchen zuviel ein?
Welch ein Wonneschauer durchfuhr mich, als Du mir den Gutenachtkuß gabst.
Ich werde jetzt schließen, um ein bißchen zu arbeiten, weiß aber nicht, ob Du mich lassen wirst. Du zerrst dauernd an meinem Herzen. Es ist fast so, als hätten wir irgendein Hexengebräu getrunken! (Tristan und Isolde.)
In Bälde mehr. Paß gut auf Dich auf. Übernimm Dich nicht bei der Liebe oder bei der Arbeit!

*Henry*

*Am selben Tag – ein wenig später – 24/7/76*

*Liebe Brenda*,

kennst Du diese schwarzen Löcher im Firmament, die den Astronomen solche Rätsel aufgeben? Nun, mir ist, als sei solch ein schwarzes Loch in meinem Privathimmel, seit Du fort bist.
Ich war eingeschlafen, und Val weckte mich, damit ich ein paar Bilder signiere, die sie gerade irgendeinem Filmregisseur verkauft hatte. (Sie ist ganz wild aufs Geldverdienen, die Val. Und Tony genauso. Ich hatte nie diesen Spleen.)
Wie dem auch sei, daß ich einmal wach war, beschloß ich, aufzubleiben und ein Weilchen mit Dir zu plaudern. Worüber? Alles und nichts. Deine keuschen Wände, zum Beispiel; Deinen blitzsauberen Kühlschrank und das Lilienmuster auf Sarah Bernhardts Bluse, als ich *chez vous* schiffen ging. Und diese herrlichen Aufnahmen von Dir – Hurra! Dieser Körper, dieses Gesicht, dieses *je ne sais quoi* (weiß nicht was) – alles miteinander genug, um einem Mann den Verstand zu rauben.
Als ich Dich zum erstenmal »meine Periode« sagen hörte, war ich beinahe schockiert. Was denn! Die schüchterne Brenda

erzählt mir da von ihrer Periode, ihren starken Blutungen, ihren schmerzhaften Krämpfen! Unglaublich! Aber wie natürlich Du dabei warst! Und dann im Bad, wie Du unschlüssig wartetest, bereit, daran glaube ich felsenfest, ihn rauszuholen und für mich zu halten, falls es nötig wäre. Das hat mich nicht schockiert; das zeigte mir nur, wie rücksichtsvoll Du sein kannst – und dabei doch schüchtern bleiben! Ich finde, ein solches Verhalten würde man vielleicht von einer Japanerin erwarten, aber nicht von einer Amerikanerin.
Witzig, daß Du mir von Captain John Smith verbranntem Penis erzählst, wo ich Dir gerade die Kritik über den japanischen Film geschickt habe, in dem die Frau dem toten Mann den Penis abhackt. Hast Du verstanden, warum sie ihn zu erwürgen versucht, während sie auf ihm reitet? Wußtest Du, daß es eine Sage gibt, wonach ein Erhängter in dem Moment, da sein Genick bricht, automatisch einen Samenerguß hat? Und wo ein Galgen steht, da wächst drunter eine Pflanze namens Alraune oder Mandragora, die hat die gleiche Form wie ein Menschenkopf und ist aus dem Samen eines Erhängten entsprossen! Ein Deutscher, Hanns Heinz Ewers, hat dieses Motiv in einem Roman mit dem Titel *Alraune* verarbeitet – ist aber schon viele Jahre her.
Hast Du ein Exemplar von *Tristan und Isolde*? Wenn nicht, würde ich Dir gern eins schicken. Das und *Sturmhöhe* von Emily Brontë sind zwei sehr leidenschaftliche Geschichten, da wird vor nichts zurückgeschreckt. Was mich interessiert – bei all Deinen Talenten – schreibst Du da auch, Geschichten, Stücke, Drehbücher? Dein Arbeitstag ist so ausgefüllt, daß ich mich frage, wie Du für ein derartiges Hobby oder selbst für die Liebe noch Zeit finden kannst.
Nach den wenigen Andeutungen, die Du über Dein Liebesleben gemacht hast, stelle ich es mir ausgefüllt und glücklich vor. Ich denke es mir aber auch ziemlich paradox, d. h. höchste Leidenschaft kombiniert mit großem Schamgefühl. Wenn letzteres nicht wäre, würdest Du Gefahr laufen, eine Nymphomanin zu werden! Stimmt's?

Bei Tisch sagtest Du: »Jeder Mensch hat ein Muttermal.« Aber das stimmt nicht. Impfpocken, *oui*! Aber Muttermale nicht. Ich glaube, wenn Du Dich gründlicher untersuchst, wirst Du noch ein zweites Muttermal entdecken, und zwar diesmal irgendwo beim Glockenspiel (vielleicht verdeckt vom Schamhaar). Die Chinesen sagen manchmal »Zahmhaar«.
Jetzt habe ich mich aufs Glatteis begeben, nicht wahr? Aber ich tue es schließlich mit Deiner gütigen Erlaubnis und um Dir auch nicht ein Krümelchen vorzuenthalten!
Wie sehnsüchtig erwarte ich Deinen nächsten Brief! Hoffentlich ist er ordentlich »heiß«.
Ist Dir aufgefallen, daß der Untertitel des japanischen Films »die Corrida der Liebe« hieß? Eine *Corrida* für mich, oder?

*Henry*

*Am selben Tag – noch später!*

*Brenda*, ich wünschte, Gott hätte mir die Gabe verliehen, über Sex zu schreiben wie D. H. Lawrence. Meine Versuche wirkten immer irgendwie plump und schockierend, sogar auf liberale und freizügige Menschen.
Warum ich davon spreche?
Weil wir uns nolens volens jener heiklen, doch äußerst fesselnden Region, genannt die Genitalien, nähern. Genau wie Walt Whitman sich genötigt fühlte, in seine *Grashalme* die »Gesänge Adams« einzubeziehen, welche ihm so viele seiner Bewunderer hier und anderswo entfremdeten, habe auch ich das Gefühl, daß ich Gefahr laufe, Deine Zuneigung zu verspielen, wenn ich mich auf ein Thema stürze, an das sich sonst niemand ranwagt.
Indes, habe ich nicht einen Kollaborateur? Hast Du unterwegs nicht Schritt für Schritt mit mir mitgehalten? Schreibst Du etwa keine gellenden Botschaften zwischen den Zeilen,

wie man so sagt? Ermunterst Du mich nicht, ich selbst zu sein?
Bevor ich mich weiter vorwage, möchte ich Dir eine kleine Episode von vor etlichen Jahren erzählen; es war in Paris, kurz nach dem die französische Ausgabe von *Sexus* herausgekommen war. Aus heiterem Himmel beschlossen die Franzosen, sich meine Mätzchen nicht länger gefallen zu lassen. Sie drohten mir mit Gefängnis, stell Dir das vor!
Zum Glück gibt es ein Gericht in Frankreich, das bei uns eine Entsprechung hat – eine Art Vorverhandlungsgericht. Dort wurde ich mit meinem französischen Anwalt hinzitiert. Am Schluß der Befragung lehnte sich der Richter über seinen Schreibtisch, musterte mich ernsthaft und sagte: »Monsieur Miller, ich muß Ihnen da noch eine letzte Frage stellen. Bitte passen Sie genau auf.« Die Frage lautete: »Sind Sie ehrlich der Meinung, daß ein Schriftsteller das Recht hat, in seinen Büchern zu sagen, was immer ihm gefällt?«
Ich ließ eine Kunstpause verstreichen, ehe ich antwortete, und sagte dann ruhig, aber mit Überzeugung: »Ja, das bin ich, Euer Ehren!« (Daraufhin wandte der Protokollführer, der mich während des ganzen Verhörs höchst aufmerksam beobachtet hatte, mir das Gesicht zu und klatschte unter seinem Tischchen in die Hände.)
Nun kam der Richter vom Podium herunter, umarmte mich und küßte mich auf beide Wangen (die »acolade«) und sagte: »Sie gehören zu den Unsterblichen: François Villon, Baudelaire, Zola und Balzac. Meine Hochachtung!«
Ich habe nicht erwähnt, daß ich während des Verhörs so verkrampft gewesen war, daß ich plötzlich Wasser lassen mußte; mir war, als würde meine Blase jeden Moment platzen. Ich drehte mich nach meinem Anwalt um und fragte ihn, wo die Toilette sei. Zu meiner Verwunderung sagte er: »Sie können nicht raus. Machen Sie in die Hose, wenn's sein muß.« Und das tat ich dann auch, und ein stattlicher Bach ergoß sich über den Fußboden, fast bis vor die Füße des Richters. Ich wurde kein zweites Mal vor Gericht gestellt und

auch nicht eingesperrt. Man gewährte mir »Amnestie«. Aber von da an war ich in der französischen Literatur ein Held, einer aus ihren Reihen. Und so behandelt man mich dort bis auf den heutigen Tag.

Nun, gibt all das mir ein Recht, offen Dir gegenüber zu sprechen? Ich zaudere noch. Ich glaube, ich werde Deine Reaktion abwarten, ehe ich fortfahre. Hab Erbarmen mit mir! Du hast mich in Dein Herz aufgenommen. Jetzt führe mich an andere Orte!

*Henry*

*

*Henry war unberechenbar. An manchem Tag schrieb er mir erotische, anzügliche Briefe, und wenn wir uns das nächste Mal trafen, entschuldigte er sich überschwenglich und bat mich um Verzeihung, falls ich mich auch nur im geringsten beleidigt fühlte. Oft erklärte er sein Verhalten, indem er mich daran erinnerte, daß er ein Mann sei, mit allem, was dazu gehört, und er müsse immer und zu allen Zeiten er selbst sein. Er wollte unbedingt, daß ich diese Seite an ihm verstehe. Manchmal, wenn er mich schriftlich um eine sexuelle Gunst bat oder wenn der ganze Brief abstoßend klang, las ich ihn einfach nicht. Stattdessen verwahrte ich diese Briefe in einer besonderen Schublade, um sie zu einem späteren Zeitpunkt zu lesen, wenn ich mich davon distanzieren konnte. Er pflegte wiederholt nachzufragen, ob ich den jeweiligen Brief bekommen hätte und was ich davon hielte? Ich antwortete dann in der Regel, ja, ich habe ihn erhalten, ziehe es aber vor, ihn nicht zu kommentieren, verspreche jedoch, das nachzuholen. Und das tat ich natürlich auch, wenn der rechte Zeitpunkt gekommen war. Ich wollte Henry nie kränken oder ihm weh tun. Ich mochte ihn zu gern, als daß ich seine Gefühle rücksichtslos hätte verletzen können.*

*Es gab Tage, an denen ich wünschte, er würde nicht soviel über meinen Körper sprechen oder so tun, als stürze er, damit er meine Brust oder meinen Schenkel berühren konnte. Er war kein Typ, der*

*aufgibt, also mußte ich lernen, diesen Dauerzustand mit Humor zu ertragen.*
*Einmal sagte Henry, er wolle mir einen* wirklich *gewagten Brief schreiben und hoffe, mich damit nicht zu beleidigen. Wenn irgendein anderer Mann von vierundachtzig Jahren mit einem solchen Ansinnen an mich herangetreten wäre, hätte mich das abgestoßen – aber wer war ich, daß ich Henry Miller hätte diktieren dürfen, was er schreiben solle und was nicht? Ich schlug ihm vor, falls er glaube, der Brief würde zu erotisch, dann könne er ihn vielleicht auf französisch schreiben.*

*

*Am selben Tag – später 7/8/76*

Dein Glückstag, Brenda! Oder? Verbrachte heute zwei Stunden im Gespräch mit einem jungen Paar (Fans) aus Salt Lake City. Danach ging eine geschlagene Stunde für die Beantwortung von Lisas Fragen drauf – Wörter und Sätze in *Jugendfreunde*, die sie nicht verstand.
Während ich auf ihre Fragen antwortete, kam mir ganz krass zum Bewußtsein, daß es eine Männersprache und eine Frauensprache gibt – in allen Ländern. Die Sprache des Mannes klingt abfällig und respektlos, wenn es um Sex geht. Denk zum Beispiel an Sätze wie: »Ich werd ihr Saft in die Fotze treiben« oder »Ich muß mir 'ne Schwanzkrabbe besorgen« oder »Das war 'ne Rekordfotze« usw., usw., usw. In Japan haben die Frauen zwar in etwa dasselbe Vokabular wie die Männer, aber sie sprechen die Wörter weicher aus, einschmeichelnder.
Vielleicht hast Du mich deshalb gebeten, den erotischen Brief auf französisch zu schreiben. Wenn die Franzosen etwas »Unanständiges« sagen, dann so, daß es zugleich auch humorvoll klingt.

Ich finde, im Chinesischen gibt es keine Entsprechung für die Ausdrücke und Wendungen, die ich gebrauche. Chinesisch muß eine ziemlich langweilige, farblos klingende (gilt nicht fürs geschriebene Wort!) Sprache sein. Alles zu eindeutig. Sehr wenige Metaphern. Trotzdem gibt es gute Dichtung!!
Haben Dir die Wörter in Druckbuchstaben auf der Klappe meines großen Umschlags gefallen? Hoffentlich hast Du Dich nicht darüber geärgert.
Viele Amerikanerinnen, die ich kenne, werden böse, wenn ich anfange, von der japanischen Frau zu sprechen! Eifersucht, Neid – oder was? Du könntest gut für einen bestimmten Schlag von Orientalin durchgehen – eher Inderin als Chinesin oder Japanerin!
Inzwischen kann ich mir – da ich so oft daran gedacht habe – das »aufgemotzte« Foto in der Post direkt vorstellen. Du trägst noch einen »siebenten Schleier«, nur ist er kürzer und enthüllt mehr. Deine Titten sind entblößt, aber dezent. Eine Grille hüpft von Deinem linken Bein aufs rechte und verliert sich dann in Deinem Silberdollarnabel. *Vous êtes intriguée mais assez triste. Vous avez besoin d'un homme.*

*Assez pour ce soir.*
*Henry*

## (AUF FRANZÖSISCH FÜR BRENDA)

Was Du mir vorgeschlagen hast, ist so verwegen, daß ich mir nicht sicher bin, ob ich zu tun vermag, worum Du mich gebeten hast. Seit ich Dich kenne, hast Du meine Gedanken fortwährend in Anspruch genommen. In meiner Phantasie habe ich alles mögliche mit Dir angestellt. Ich hatte und habe aber auch den festen Vorsatz, Dich nicht vor den Kopf zu stoßen. Zugleich spüre ich durch Deine Briefe, daß ich es wagen darf, viel mehr zu tun und zu sagen, als ich tatsächlich tue. Dein Körper an sich ist eine Aufforderung, alles zu tun.

Die Szene, die mir vor Augen steht, wiederholt sich oft. Ich bin bei Dir zu Hause und betrachte Deine Bilder. Du gibst mir gleich etwas zu trinken. Der Drink steigt uns zu Kopf. Du trägst einen sehr dünnen, durchscheinenden Rock. Vom Nabel aufwärts hast Du gar nichts an. Deine Brüste sind herrlich. Du hast die Statur einer Tänzerin. (Irgend etwas von Degas.) Deine Beine sind kräftig und schön. Ganz plötzlich stürze ich mich auf Dich und hebe Deinen Rock hoch. Unter dem Rock bist du vollkommen nackt. Deine kleine Möse mit dem üppigen schwarzen Haar läßt mich im Nu steif werden. Ich schiebe meine Hand zwischen Deine Schenkel und merke, daß Du schon feucht bist. Du scheinst sehr erregt, zu allem bereit. Das ist nicht verwunderlich. Ich kenne Dich seit Jahrhunderten; was ich damit sagen will, ist, wir kennen uns von früheren Inkarnationen her. Schon viele Male waren wir ein Liebespaar. Manchmal warst Du eine Prostituierte im Tempel – in Indien, in Ägypten und in anderen Ländern. Du bist immer ein Freudenmädchen, aber immer religiös. Deine Religion hieß immer »Sex« – genau wie bei den Tantra-Anhängern im heutigen Indien. Du unterweist die Jugendlichen, Männer wie Frauen. Für Dich geht es dabei um Kunst. Darum scheinst Du nun zur Expertin gereift zu sein.

Ohne auch nur im mindesten rot zu werden, berührst Du Deine Möse mit der Rechten. Dann . . . öffnest Du mit zwei

Fingern jeder Hand den Spalt zwischen Deinen Beinen und zeigst mir die zarten Lippen, die wie Vögelchen zittern. Der Saft fließt reichlich; Deine Schenkel glänzen.
Ohne ein Wort zu sagen, langst Du mir in die Hose und umfaßt meine Flöte (oder den Hobel, wenn Dir das lieber ist). Deine Hände, die so stark sind und dabei doch so gefühlvoll, spielen damit, als wäre er ein Musikinstrument. Du bist geil und unwiderstehlich. Ich will gleich »spielen«, vor allem, als Du mir die Zunge in den Mund steckst. Und dann beginnt Dein Mund sacht meinen Schwanz zu lutschen. Es fällt mir schwer, aufrecht stehenzubleiben. Zum Glück ist die Couch auf Deiner Seite. Wir fallen zusammen darauf nieder, Mund auf Mund und Schwanz auf Möse. Ich bin noch nicht in Dich eingedrungen. Wie warm Du bist! Du küßt mich überallhin. Ich will Dich küssen. Du bist vollkommen bereit. Du drückst auf meinen Schwanz und schiebst ihn Dir zwischen die Beine. Sanft, ja langsam schlüpfe ich rein. Deine Vagina ist köstlich geformt. Sie ist eng und tief. Du hältst mich, wie man einen Finger halten würde. Natürlich kann ich mich nicht länger zurückhalten. Ich komme – und Du auch – wir beide gleichzeitig.
Wir bleiben eine Weile so, ineinander verschlungen wie zwei Schlangen. Ich will mich losmachen, aber Du läßt es nicht zu. Mit kräftigen Muskeln hältst Du mich fest. Nach einer Weile spüre ich Bewegung in Dir drin. Nach und nach beginne ich anzuschwellen. Jetzt hebst Du die Beine und legst sie mir über die Schultern. Du bist ganz und gar offen und feucht. Du kommst ohne Unterlaß. Dein Blick ist zur Decke hinaufgerichtet. Du bittest mich weiterzumachen, mehr zu tun. Du sagst (auf Englisch): »Fick mich, Henry, fick mich! Stoß ihn rein bis ans Heft. Ich bin so geil.« Es geschieht zum erstenmal, daß Du mir gegenüber solche Ausdrücke gebrauchst. Das macht mich ganz wild. »Gott gebe mir die Kraft, die Stärke«, sage ich im stillen, »und ich will Dich küssen ohne Ende.«
Vergiß nicht, daß ich Dir einen Wachtraum erzähle. Ich

verstehe nicht, woher mir die Kraft kommt, Dir solange Lust zu verschaffen.
Du bist unersättlich. Du machst alle möglichen Bewegungen, manchmal auch Gesten, die völlig ekstatisch sind und obszön. Du bist außer Rand und Band. Du bist ganz und gar Sex und nichts anderes. Weil Du weißt, daß Du mich töten könntest, machst Du Dich los von mir, damit ich atmen kann. Aber Du hörst nicht auf zu schmusen, vor allem mit Deiner Zunge. Und Dein Körper fährt fort, über mir zu zucken und zu wogen. Du küßt mich wie eine Wahnsinnige.
*Et puis quoi? Quelle position? C'est moi qui propose que nous faisons l'amour comme les chiens ...*

*

*Henry und ich sprachen über Elternschaft und darüber, was Eltern zum Charakter ihrer Kinder beisteuern, Gutes wie Schlechtes. Henry fing an, mir von seiner Mutter zu erzählen, und der Zorn übermannte ihn. Sein Gesicht rötete sich, und er klagte über Herzschmerzen, während er die Ungerechtigkeiten aufzählte, die er als Kind von ihr hatte erdulden müssen. Ich legte ihm nahe, daß es endlich an der Zeit sei, ihr zu vergeben und Frieden mit ihr zu schließen. Wir waren uns einig, daß er nicht in den Himmel kommen könne, wenn er weiter seinen Haß hegte.*

*

*Samstag, 14/8/76*

*Liebe Brenda,*

ich habe gerade einen Essay über China für eine chinesische Zeitschrift fertiggeschrieben und einen weiteren (kurzen) Artikel über Hokusai anläßlich einer Ausstellung seiner *shunga*, (erotische) Holzschnitte, die er im Alter von 80 Jahren anfertigte. Die Ausstellung soll in Paris im »L'Espace Cardin« stattfinden. Erica Jong kam zum Lunch und ist erst vor ungefähr einer Stunde gegangen. Sie würde gern in Kalifornien ein Haus kaufen. Nach New York erscheint einem Kalifornien wie ein Paradies.

Ich denke unablässig an Dich, seit Du mich so früh alleingelassen hast. Du bist anschließend zum Schauspielunterricht gegangen, nicht wahr? Du hättest es mir sagen können und sogar noch früher aufbrechen, wenn Du gewollt hättest. Ich hätte keinen Einwand erhoben.

Mir fiel auf, daß Du neulich abend bemerktest, ich hätte immer nur »Sex« im Kopf. Nicht immer, liebe Brenda. Es gibt tausend andere Dinge, die mir wichtiger sind als Sex. Aber wenn mir ein Wesen über den Weg läuft, das durch und durch Sex verkörpert, dann kann ich mich nicht verstellen.

Inzwischen sind ein paar Stunden verstrichen. Ich war im Bett, bin aber wieder aufgestanden, um zu Ende zu schreiben. Ich möchte Dir wieder einmal von einer meiner Lieblingsschriftstellerinnen berichten – Marie Corelli.

Ungefähr vor einem Jahr habe ich sie wiederentdeckt. Ich habe jetzt zehn Bücher von ihr. Hier die Titel von ein paar Werken, die ich gelesen habe:

1.) Ein Roman aus zwei Welten
2.) Die Leiden Satans
3.) Die Seele von Lilith
4.) Das ewige Leben

Sie lebte in der zweiten Hälfte des 19. Jahrhunderts, im viktorianischen Zeitalter. Sie spricht nie über Sex, erwähnt kein einziges Mal ein Geschlechtsorgan oder den Verkehr.

Und doch ist sie eine faszinierende, anregende Autorin – für Männer wie für Frauen. (Ich glaube allerdings nicht, daß sie Dir gefallen würde.)
Als ich vor ein paar Minuten aufwachte, entdeckte ich, daß ich im Geiste schrieb. Eine ganz merkwürdige Geschichte – ich war tot und hatte eben erst bemerkt, daß ich in Devachan war (das Reich zwischen Tod und Wiedergeburt). Meine Mutter kommt auf mich zu; ganz strahlend sieht sie aus. Sie wirkt sehr jung. »O Henry«, hebt sie an, »ich habe solange auf dich gewartet. Was hat dich nur all die Jahre auf der Erde festgehalten?«
(Dies ist das erste Mal, daß ich meine Mutter Koseworte flüstern höre.) Ich ersticke fast vor Rührung. »Mutter...« ist alles, was ich herausbringe. Und dann merke ich, wie mir die Tränen über die Wangen laufen.
Weißt Du, ich glaube, daß ich meine Mutter mein Leben lang gehaßt habe, bis ganz zum Schluß. Ich wüßte gern, was dieser Traum bedeutet – daß ich mich dem Tode nähere, oder daß ich mich allen Hasses, aller Bitterkeit entledige?
Beim Aufstehen überlege ich mir, ob ich wohl ein Büchlein über Mutter und Sohn im Jenseits schreiben soll? Sehr ungewöhnlicher Gedanke für mich. Deine Predigt muß etwas tief in meinem Innern angerührt und auf seltsame, unerklärliche Weise mein Herz erweicht haben.
Hast Du je meinen Essay über den Mutterleib gelesen? Sehr surrealistisch. Der Gedanke an den Mutterleib ist mir sehr lieb – so heimelig, so nahrhaft.
Genug jetzt – ich bin schläfrig. Alles Liebe

*Henry*

*

*Henrys Tagesablauf war im wesentlichen gleichbleibend, bis auf kleine, durch seinen Gesundheitszustand bedingte Abweichungen.*
*In der Regel begrüßte er zwischen halb acht und acht Uhr den neuen Tag und rief entweder an, um mir Guten Morgen zu wünschen, oder blieb einfach im Bett liegen und lauschte dem Vogelgezwitscher und den vielfältigen Geräuschen, die es um diese Zeit zu hören gab.*
*Um neun kam Charles, sein Pfleger, und machte ihn für den Tag zurecht. Dazu gehörten Waschen, Gymnastik, ein lustiger Schwatz, Vitamine und Frühstück. Henry liebte Charles heiß und innig, und das aus mehreren Gründen. Eine grundlegende Charaktereigenschaft war beiden gemeinsam – sie liebten das Leben und lachten viel. Manchmal fuhr ich frühmorgens rüber, um eine Runde zu schwimmen, einen Dauerlauf über die Klippen zu machen. Wenn ich zurückkam, parkte dann schon Charles' großer schwarzer Cadillac vor dem Haus. Es gab mir immer ein gutes Gefühl zu wissen, daß Charles da war.*
*Nach dem Frühstück sah Henry die Post durch und beantwortete so viele Verehrer-Briefe wie möglich. Briefe, die ihm außergewöhnlich gut gefielen, schickte er zur Unterhaltung an mich weiter. Wenn er an einem neuen Buch oder Artikel schrieb, pflegte er sich anschließend dieser Arbeit zu widmen. Wenn nicht, setzte er sich an den Pingpongtisch und malte ein oder zwei Aquarelle, je nachdem, wie wohl er sich fühlte. Nach ein paar Stunden Arbeit aß er zu Mittag und legte sich anschließend ein paar Stunden hin.*
*Er hatte oft Besucher. Manchmal kamen Freunde, dann wieder Bittsteller. Können Sie mir Geld leihen, würden Sie mir das Schreiben beibringen, darf ich eine Weile bei Ihnen wohnen? Ich mache einen Film, würden Sie bitte darin auftreten? Manchmal war Henry leicht erreichbar, zu anderen Zeiten war es ganz und gar unmöglich, zu ihm vorzudringen.*
*Als ich Henry kennenlernte, erklärte er mir, er hasse das Telefon und benutze es nur selten, weil er nicht sehr gut hören könne. Aber als die Zeit verging und wir vertrauter miteinander wurden, rief er mich mindestens einmal am Tag an. Er sprach lange Mitteilungen auf meinen Anrufbeantworter, wobei zu berücksichtigen ist, daß er mir unablässig etwas beibringen wollte. Mal war es eine Geschichte, die er*

*vergessen hatte, mir zu erzählen, mal eine wichtige Information, die er zu schreiben vergessen hatte. Ich rief ihn oft an, nachdem ich zu Bett gegangen war, nur um ihm Gute Nacht und alles Gute zu wünschen.*

*

*4. Sept. 1976*

*Chérie,*

den ganzen Tag habe ich Dir schreiben wollen und mich im Geiste darauf vorbereitet, und dann kommt nachmittags um drei eine Nachbarin (aus Arkansas) und kauft mir für $ 130 Bücher ab – braucht aber 2 volle Stunden dazu. Zum Teufel mit ihr!

Aber lassen wir das, *mon chou*, wie geht's Dir heute? Keine Post von Dir, und meinen Eilbrief wirst Du vermutlich auch nicht vor Samstag kriegen – und diesen hier erst nächsten Dienstag! Mensch! Wir sind wirklich angeschmiert durch den Feiertag, wie? Diese Postheinis sollten Tag und Nacht arbeiten und an Sonn- und Feiertagen auch.

Morgen werde ich bestimmt den Brief bekommen, den Du gestern abgeschickt hast. Hoffentlich ist er gut! Ich rechne fest damit.

Weißt Du, ich habe mir das Foto von Dir und diesem Jungen gründlich angesehen. Erstaunlich, wie schön Du als Mann aussiehst. Ohne ein Milligramm an Weiblichkeit einzubüßen, hast Du einen hübsch männlichen Zug entwickelt. Es erhöht Deinen Charme, statt ihn zu verringern. Du bist so ein offener, ehrlicher Mensch. Ich bin sicher, wenn ich Dich ernsthaft bäte, Deine Möse zu beschreiben (physisch), würdest Du es tun wie eine Sachverständige. Wie vieles Du mir über Dich erzählt hast – an Intimitäten! Frauen tun das für gewöhnlich nicht. Jedenfalls nicht sofort.

Verfalle ich in die Erzählweise der Südstaatler? Wenn ja,

dann führe es auf Deinen Einfluß zurück. Du kannst mich nicht dazu bringen, bestimmte Dinge zu tun, doch Du beeinflußt mich nachhaltig.

Neugierigen Leuten erzähle ich gern, ich sei in eine junge Frau aus Mississippi verliebt. Ich würde nicht sagen Hattiesburg, aber ich habe das Gefühl, wenn ich Mississippi sage, verbindet man das sofort mit Mark Twain und diesen großen Raddampfern.

Ich bin vom Thema abgekommen. Alles Quatsch, was ich Dir da schreibe. Ich wollte Dir etwas ganz bestimmtes erzählen, aber diese redselige Grundstücksmaklerin hat mich aus dem Konzept gebracht; wohnt auf Alma Real, ganz in der Nähe. Weißt Du, daß *alma* auf Spanisch Seele bedeutet? Ist es nicht noch eine Übereinstimmung, daß die Parallelstraße zum Ocampo Drive die Straße der Seele heißt? Und ein paar Häuserblocks weiter beginnt die Straße des Schoßes *(La Combre)*!

Seltsam, daß Seele und Sex für mich immer vereint sind wie Castor und Pollux, die himmlischen Zwillinge.

Gestern kam die Frau aus Japan. Sie machte mir einen schönen, biegsamen Brieföffner aus Silber zum Geschenk. Berichtete mir von dem schrecklichen Mann-Frau-Verhältnis in Japan. Die Männer, so versichert mir jede Japanerin, sind einfach unverbesserlich. Sie sind schwache (karikaturhafte) Überbleibsel aus den Tagen der Samurai. (Hast Du Clavells *Shogun* gelesen? Wie es scheint, verschlingt Gott und die Welt das Buch und ist davon begeistert. Die Taschenbuchausgabe ist jetzt rausgekommen.)

Übrigens habe ich Dir von »Materialisation« geschrieben, wo es »Materialität« hätte heißen sollen, hast Du gemerkt? (Ist das wichtig?) Ich versuche bloß, Dich bei der Lektüre zu halten. Es ist eine Möglichkeit, Dich in meine Arme zu nehmen und Dich zu streicheln.

Hat mein letzter Brief Dich ein bißchen überrascht? Waren wir denn auf derselben Wellenlänge, oder war ich diesmal weit vom Ziel entfernt?

Hör mal, ich bin nicht gar so geil, aber wenn ich mich im Bett aufsetze und an den Bettrand rutsche, quetsche ich mir die Eier. Ob es möglich ist, daß sie jetzt noch wachsen, in meinem Alter? Wenn nur mein Schwanz ihrem Beispiel folgen wollte! Manchmal, wenn er so daliegt und döst, kommt er mir vor, wie eine verirrte Schnecke. Da ist die Möse entschieden im Vorteil. Ihre Veränderungen im Tagesablauf sind nicht so auffällig, stimmt's?
Das erinnert mich an ein Gespräch, das ich neulich abend mit einer lebhaften, grazilen Französin führte. Sie hatte mit einem Franzosen darüber debattiert, daß sie *con* (Möse) immer pejorativ gebrauchten. Wenn ein Franzose sagt: »sale con« (drekkige Möse), dann meint er das keineswegs wörtlich. Es ist nur seine Art, »blöder Hund« zu sagen. Jedenfalls hat er sie dermaßen gereizt, daß sie sich schließlich damit revanchierte, ihn mit »sale couille« zu beschimpfen – *couille* heißt Hoden. Keines der männlichen Geschlechtsorgane wird im normalen Sprachgebrauch je pejorativ verwendet. (Darin ähneln die Franzosen ein wenig den Japanern.)
Habe ich Dir mal erzählt, wie erfinderisch der japanische Mann wird, wenn es darum geht, die Möse einer Frau zu schildern? Sie haben alle möglichen Ausdrücke für dieses Organ. Die Möse, welche ihnen am besten gefällt, ist »wie tausend Regenwürmer«. Eine andere, weniger gute, heißt »an die Decke stoßen« und eine sehr, sehr große Möse »die Treppe runterfallen«. Alles in ein, zwei Worten ausgedrückt. Erinnerst Du Dich an mein Aquarell »Asamara«? Bedeutet »Morgendliche Erektion«. Man beachte: morgendlich, keine andere Tageszeit.

> *Folle à la messe*
> *Molle à la fesse*
> François Villon
> (In der Messe bigott, lasch in der Fott.)

Nächsten Dienstag erwarte ich einen Loulou-Brief von Dir.

Du hast ein ganzes Wochenende, um was zusammenzubrauen. Mach eine gute Bouillabaisse draus! Und gib ein paar *baisers* dazu (für Verb und Substantiv gleich).
Kutschierst Du jetzt herum? Du bist manchmal rastlos, nicht wahr? Und macht es Dir nicht auch Spaß, die Beine zu öffnen und zu schließen? Erregt Dich das nicht? Übrigens bedeutet das französische Verb *s'exciter* »in Wallung geraten« – nicht »aufregend«. *Alors, attention!*
Hast Du aus diesem Brief irgendwas gelernt? Oder hätte ich etwas über Virgil, Ovid, Rabelais, Cendrars, Céline oder Octave Mirbeau hinzufügen sollen?
Mein Auge wird trüb. Ein Zeichen, daß ich aufhören muß. Aber wie kann ich das? Du hast mich in Deiner Gewalt, ebenso fest, als ob Deine und meine Schenkel ineinander verschlungen wären. Du bist die Apotheose (Sinnbild) des Sexes, doch äußerlich kühl wie ein Kristall. Du bist Nord und Süd in einer Person. Du bist Monsun und Sintflut in einem. Du bist Du – und das will was heißen. Tschau für ein Weilchen. (Vielleicht schreibe ich noch mal – später.)

*Henry*

*Am selben Tag*

*Liebe Brenda*,

dies ist heute mein dritter und letzter Brief an Dich. Will Dir nur über ein neues Foto von Dir berichten, wo bloß der Kopf drauf ist. Dein Haar sieht aus, als seiest Du eben aus dem Wasser gekommen. Der Ausdruck in Deinen Augen ist seelenvoller als auf allen anderen Bildern. Gott, bist Du schön! Einfach hinreißend.
Hast Du Deinen Liebhaber angeschaut, als diese Aufnahme gemacht wurde? Dein Mund ist immer wie ein Bogen – voll, sinnlich, Lippen zum Küssen, zum Beißen, sich Festsaugen.

Du betäubst mich mit diesen Fotos. Selbst als ich noch sehr jung und sehr romantisch war, habe ich das Foto eines Mädchens nie mit solcher Leidenschaft betrachtet, wie ich Dich ansehe!!
Auf diesem, mit dem ein wenig zerzausten Haar, übertrifft Dein Ausdruck den der Garbo – und die war zu ihrer Zeit ein umwerfender Anblick.
Du wirst Dein Leben lang schön bleiben, das spüre ich. Wie die Venus von Botticelli bist Du dem Meer entstiegen und immer noch ganz aus Schaum.
Nun Gute Nacht!

*Henry*

*

*Im Millerschen Haushalt gab es ein paar Stammköche. Val, seine Tochter, und Tony, sein Sohn, kochten immer, wenn sie über Nacht blieben. Seine Herzensfreundin Sava kochte einmal die Woche, ebenso Bill Pickerall, der sich reizend um Henry kümmerte und das Haus in Ordnung hielt.*
*Barbara Kraft, eine mit Henry befreundete Schriftstellerin, kochte ebenfalls regelmäßig für ihn. Barbara war hübsch und als Gesellschafterin ebenso phantastisch wie als Köchin, weshalb sie zu seinen erklärten Favoritinnen gehörte.*
*Dann gab es noch eine Reihe junger Mädchen, in der Regel Studentinnen oder Schauspielerinnen oder Möchtegernschriftstellerinnen, die Zugang zu Henry gefunden hatten und denen er Gelegenheit gab, für ihn zu kochen und ihm bei einer Mahlzeit Gesellschaft zu leisten. Die Fluktuation dieser Freiwilligen war ziemlich rasant, denn Henrys Gegenwart machte sie nervös. Manchmal schob er einfach seinen Rollstuhl in die Küche, und wenn die Gastköchin interessant oder außergewöhnlich attraktiv war, knüpfte er eine Unterhaltung mit ihr an.*
*Aber wenn die Mahlzeit nicht gut zubereitet war, erklärte Henry den*

*Mädchen taktvoll, das Essen sei nicht nach seinem Geschmack, und das war das Ende der jeweiligen Köchin.*
*Donnerstags fuhr ich ihn gewöhnlich zu seinem Lieblingsrestaurant, dem Imperial Gardens, einem phantastischen alten japanischen Lokal oben in den Hollywood Hills. Henry verstand sich gut mit den Besitzern, Lyle und Kinu; er aß furchtbar gern Suschi und Saschimi und sprach ein wenig Japanisch. Doch wenn es regnete, brachte ich ihm ein warmes italienisches oder französisches Gericht, das ich daheim vorbereitet hatte, oder ich kochte ihm, was er gerade im Haus hatte. Er mochte es besonders gern, wenn ich ihm abends Frühstück machte, weil ich Eier und Waffeln mit einem speziellen kanadischen Ahornsirup zubereitete.*
*Von Zeit zu Zeit wünschte er sich mein Brathähnchen nach Südstaatenart. Dann saß er in seinem Rollstuhl und unterhielt sich mit mir, während ich kochte.*
*Einmal, als ich auf der Anrichte saß und mit ihm Pernod trank, vertieften wir uns so ins Gespräch, daß ich ganz vergaß, auf den Herd zu achten. Es blieb uns schließlich nichts anderes übrig, als Rühreier zu essen; und zum Nachtisch gab es sein Lieblingsdessert – Vanille Häagen-Dazs.*
*Es kam vor, daß Henry mich anrief und sagte: »Brenda, ich habe heute abend keine Köchin. Und wenn Du aus dem, was im Haus ist, etwas zaubern kannst, mache ich eine Flasche Mersault auf.« Ich sagte nie nein, selbst dann nicht, wenn ich mich gerade fertigmachte, um mit meinem Freund zu einer Dinnerparty zu gehen. Dann fuhr ich im Abendkleid zu Henry, machte ihm etwas zu essen, trank ein Gläschen Wein mit ihm und traf später mit meinem Freund auf der Party zusammen.*

*

*19/8/76*

*Liebe Brenda,*

hoffentlich gehst Du heute abend in Deinen Kurs und erhältst den Brief, den ich Dir dorthin geschickt habe. Hier kommt noch einer...

Neulich überraschte Charles, mein Pfleger, mich mit der Bemerkung: »Ich glaube, ich muß mir eine alte Frau suchen. Um diese Jahreszeit wache ich immer zu früh auf.« Ich war versucht zu antworten: »Was Sie brauchen, Charles, ist ein Fußwärmer.«

Wie dem auch sei, jedenfalls hat seine Bemerkung mich an einen chinesischen Gesundbeter erinnert, der mir vor ein paar Monaten schrieb, er nehme sich die Freiheit, mir einen Rat fürs Alter zu geben. Er meinte, ich solle mindestens sechs- bis achtmal am Tag zu einer Frau gehen. Nicht ejakulieren, aber alle Stufen des Liebesaktes vollziehen. Auf diese Weise könne ich 100 Jahre alt werden. Zuerst hielt ich ihn für verrückt, aber mit der Zeit begriff ich, was er meinte. Natürlich muß einer gesund und Herr seines Körpers sein, ehe er so was probieren kann.

Was hältst Du von diesem Vorschlag? Heute abend beim Essen fing Charles an, von allen Frauen zu erzählen, die er kennt – farbige und weiße. Fragte mich, ob ich, wenn ich verliebt bin, dafür sei, die Frau mit anderen Männern zu teilen. Als ich verneinte, sagte er: »Ich bin ganz Ihrer Meinung.«

Die ganze Zeit über versuche ich, Männer durch Frauen zu ersetzen – aber vielleicht ist er bisexuell. Er erzählt mir eine Menge über farbige Männer und Frauen. Sie scheinen in ihrem Verhalten wirklich sehr den Weißen zu gleichen, meinst Du nicht auch?

Jetzt rede ich schon wieder über Sex. Hoffentlich bist Du nicht böse deswegen... Eines Abends komme ich vielleicht in den Kurs und schaue Euch allen bei der Vorführung zu. Wäre das O. K.?

Jetzt gehe ich zu Bett. Mein Auge verkraftet das Schreiben nicht mehr.
Ich wünschte, Du könntest lesen, was ich über meine Mutter schreibe. Du hättest Deinen Spaß daran. Doch zuerst muß es abgetippt werden. Und ich bin auch noch nicht fertig. Wenn möglich, mache ich morgen weiter. Ich drücke Dich ganz fest, umarme Dich, küsse Dich, liebe Dich – bis Dir der Atem ausgeht.

*Henry*

*22/8/76*

*Liebe Brenda,*

diese letzten zwei Tage ohne einen Brief von Dir – das ist, als sähe man in ein tiefes, schwarzes Loch in einem strahlendblauen Himmel.
Ich habe auch nicht geschrieben, nicht, weil ich nichts von Dir gehört habe, sondern weil ich in Arbeit erstickt bin. (Ich mußte sogar dieses Stück über Mutter und Sohn in der Schwebe hängen lassen.)
Gestern gab ich einer jungen Französin (von der Zeitung *Le Monde*) ein 3stündiges Interview – es war ein Knüller von einem Interview! Sie war die beste Frau, die mich je interviewt hat – sprach perfekt Russisch und Englisch! Sie ist Feministin, arbeitet für die französische Emanzipationsbewegung. Sagte, der amerikanische Mann schaut einem nicht gerade in die Augen. Fragte, ob ich das Paradox völliger sexueller Freizügigkeit (hier) einerseits und anhaltender puritanischer Tendenzen andererseits erklären könne. Erzählte mir, daß es bei uns eine Prostituierten-Vereinigung gibt, die Kojote heißt. Jeder Buchstabe steht für irgendwas.
Neulich morgen, Brenda, ist mir beim Aufwachen eingefallen, daß es in Natchez, Mississippi war. Ich bekam ein Telegramm, in dem stand, mein Vater läge im Sterben. Ich

nahm das nächste Flugzeug, kam aber eine Stunde oder so zu spät. Meine Mutter erzählte mir, daß er in der letzten Stunde seines Lebens den Schwestern unaufhörlich von seinem wunderbaren Sohn vorgeschwärmt habe. (Ich habe geweint, als ich das hörte. Ich weinte und schluchzte auch wie ein Verrückter, als ich ihn im Sarg küßte. Wenn ich mich gehen lasse, dann aber richtig!) Ich habe Angst, daß ich in so einem Zustand tatsächlich einmal die Beherrschung verliere. Ich könnte nicht nur töten, sondern mein Opfer auch noch verstümmeln. (Das hättest Du nie vermutet, nicht wahr?) Darum habe ich Geduld und Nachsicht gelernt. Übrigens bin ich von Vicksburg nach Natchez gekommen, und in Vicksburg aß ich mittags oder abends mit einem berühmten Schriftsteller aus Mississippi – mit wem?

Liebe Brenda, sobald ich mit diesem Brief fertig bin, werde ich zu Mama-Sohn in die andere Welt zurückkehren. Es ist ein faszinierendes Thema, das mir obendrein zur Katharsis verhilft. Ganz zum Schluß werde ich das zu ihr sagen, was ich im Leben nie sagen konnte und sie auch nicht: »Mutter, ich liebe dich!«

Und wie liebe ich erst meine Brenda, hier und jetzt, nicht im düsteren Jenseits. Ohne Zweifel werde ich von Dir dorthin gelangen. Und dann auf Dich warten. Wenn ich von Cora spreche, so wie vor kurzem, heißt das nicht, daß ich sie noch liebe. Nein, ich bin bloß neugierig. Ja, wir werden über Dagney und Herrn Nagel sprechen. Mag sein, daß ich Nagel in gewisser Hinsicht ähnlich sehe, aber Dagney ähnele ich Gott sei Dank nicht!

*HM*

*17. Sept. 1976*

*Liebste Brenda,*

lange Frist von jetzt bis zu Deiner Rückkehr. Wenn es Dir recht ist, würde ich Dienstagabend gern zum Essen kommen, aber wenn's Dir nicht paßt, machen wir einen anderen Abend aus.

Hast Du eigentlich schon mal in *Mein Intimleben* reingeschaut? Bin bloß neugierig.

Du warst großartig gestern abend – tatsächlich waren alle drei Frauen gut, besser als die Männer. Ich finde, Oscar ist am schlechtesten. Sein Gesicht zeigt keinerlei Gefühlsregung – völlig ausdruckslos. Ann meint, er sollte Mimikunterricht nehmen. Ich stimme ihr zu. (Aber wie ihm das beibringen, hm?)

Ich habe mich gefragt, warum du in dem Tennessee-Williams-Stück dauernd den Kopf geschüttelt und Deine Mähne hast fliegen lassen wie ein Pferd? War das wegen imaginärer Fliegen? Du warst genau richtig für die Rolle, und Dein Südstaatenakzent kam wirkungsvoll zum Tragen. Außerdem warst Du sehr verführerisch. Man merkt, welche sexuelle Anziehungskraft von Dir ausgeht. (Das Sizilianische kommt stark raus.)

Ich verspürte einen Anflug von Eifersucht, als Du Dich von Peter (dem jungenhaft wirkenden Schauspieler) verabschiedetest. Die Art, wie Du den Arm um seinen Hals geschlungen und ihn geküßt hast, ging mir nahe. (War vermutlich überempfindlich wie gewöhnlich.) Bin wahrscheinlich verwöhnt durch all die Aufmerksamkeit, mit der du mich überschüttest.

Dein Brief, den ich gleich, als ich heimkam, gelesen habe, war einfach zauberhaft. Du schreibst wie jemand, der viel Übung im Schreiben von Liebesbriefen hat. Du faßt Deine Gefühle ohne Stocken in Worte. Das ist eine richtige Begabung, weißt Du.

Die meisten Schriftsteller mühen sich jahrelang, bis sie es so weit bringen. Du hast es, was immer es sein mag. Auch bist

Du die erste Frau, die ich kenne, in der sich Möse und Intellekt vereinen – oder Geist und Seele! Das ist mein Ernst. Du bist wahnsinnig sexy (nicht bloß sinnlich) und gleichzeitig rein wie ein ätherisches Wesen. Der Name Venus paßt ausgezeichnet zu Dir. Venus – Aphrodite. Wäre es nicht Venus gewesen, hätte es »Juno« sein können (ohne den Pfau, auch wenn der noch so einen tollen Schwanz hat). Apropos Schwanz, ich war ganz perplex, als Du gestern abend bei Tisch diese Frage stelltest. Die einzigen Schwänze, von denen ich mir vorstellen kann, daß sie ein bißchen zulegen, sind solche, die kräftig vögeln. Andererseits hat ein Mann wie Georg Raft, der es sich zur Gewohnheit machte, jede Nacht mit einer anderen Frau zu schlafen, denselben Schwanz behalten, den er schon als Teenager hatte – behauptet jedenfalls mein Freund Joe Gray, der dick mit ihm befreundet war. Die meisten Männer mit einem ungewöhnlich großen Schwanz haben Schwierigkeiten. Prostituierte verlangen von ihnen das Doppelte. Normale Frauen mit normaler Möse wollen mit solchen Freaks nichts zu tun haben. Trotzdem träumen Frauen immer von großen Schwänzen, *non*? Herriot, ehemaliger Premierminister Frankreichs und ein äußerst kultivierter Mensch, hatte einen so riesigen, daß er ihn am Bein festschnallen mußte.

Für eine Frau ist das Höchste ein recht langer, der tief reingeht und wie angegossen paßt. Und er sollte mit tausend Regenwürmern oder etwas entsprechendem ausgestattet sein. Manche Mösen könnte man lachende Mösen nennen. Andere sind ziemlich fade, humorlos und staubtrocken.

Also Du sorgst selbst für Dein Wohl, wie Du es ausdrückst. Klingt, als bebautest Du einen »Intimgarten«. Wenn ich mir vorstelle, wie Deine Möse sein muß, verliere ich den Kopf.

Um auf den Kurs zurückzukommen ... Ihr scheint mir alle perfekte Schauspielerinnen zu sein. Zumindest habt Ihr das wunderbare Talent, natürlich zu sein, Ihr selbst zu sein. Bravo! Das ist nämlich schon der halbe Sieg. Olivier ist der personifizierte Schauspieler – alles durchdacht. Burton bringt

mich zum Weinen, wenn er Shakespeare rezitiert – liegt vermutlich daran, daß er aus Wales stammt. Die Waliser sind die geborenen Dichter.
Ich kannte Dylan Thomas in London. Er wollte mich mit heim nach Wales nehmen. Bot mir an, mit seiner Schwester zu schlafen. (Ich glaube, er hat selber mit ihr geschlafen.) Es gibt eine Menge Inzest in Wales – und Schwachsinn und Genie – und, mein Gott, was für herrliche Männerstimmen, welch kraftvolle Sänger und Sängerinnen.
Denkst Du noch manchmal an Dagney und Herrn Nagel in *Mysterien*?
Ich werde nie diesen Satz von ihm vergessen, als er sie in den Wald hetzte: »Guten Morgen, Froken, ist es heute erlaubt, Deine Punze zu berühren?«
Nun, Brenda, mein Schatz, Erlaubnis hin oder her, ich sage Dir jetzt Gute Nacht und nehme mir dabei die Freiheit, Deine entwaffnende Punze zu berühren.

*Au revoir!*

*POÈME EN PROSE* EIN GEDICHT IN PROSA

*POUR MON VENUS À MOI* FÜR MEINE VENUS

*Est-ce que vous étiez conscient hier*
Hast Du sie erkannt, gestern nacht,
*Soir du grandeur de la lune?*
Die Pracht des Mondes?
*Saviez-vous qu'elle était une livre de miel?*
Wußtest Du, daß er ein Klumpen Honig war?
*Vous, livre de miel pour tous les couples*
Du, o Honigklumpen für all die Paare,
*accroupis ensemble partout au monde.*
Die sich zusammenkauern überall auf der Welt.
*Les hommes sur le dos avec leurs phallus*
Die Männer auf dem Rücken,
*en erection gigantesque.*
mit gigantischer Erektion.
*Les femmes avec leurs vagins soupirants*
Die Frauen, ihre Vagina schmachtend
*et fulgurants.*
und gleißend.
*Tous faisant l'amour comme des*
Alle vollziehen den Liebesakt wie
*animaux d'enfer.*
Tiere der Hölle.
*Tous maîtrises par le désir*
Alle im Bann der Begierde –

*désir enormement fructueux.*

Der unerhört furchtbaren
Begierde.

*L'air était perće par les sons bizarre –*

Die Luft war zerrissen von
phantastischen Schreien –

*grognements des elephants, le »whimsy« des chevaux, les baas des*

dem Stöhnen von Elefanten,
dem Wiehern von Pferden
und dem Blöken von

*veaux.*

Kälbern.

*Il serait deplorable si tout n'était*

Es wäre verheerend, wenn
nicht ein jedes

*pas commandé par l'ordre du dieu Priapus*

befehligt würde vom Gotte
Priapus.

*Son empreinte fût visible içi et la,*

Sein Siegel war erkennbar
hier und da –

*bref, partout.*

flüchtig, überall.

*Il régnait sur la nuit comme un*

Er regierte über die Nacht
wie ein

*empereur... Parfois c'était horrible.*

Despot... Manchmal war's
furchtbar.

*Mais peu à peu l'on entendait la musique Chopinesque, nostalgie,*

Aber nach und nach hörte
man die Chopinsche Musik,
die Schwermut,

*sanglots, cris de chameaux – tous*

die Seufzer, die Schreie von
Kamelen – alles

*très belle.*

war sehr schön.

*Chopin et Ravel – ajoutez Debussy!*

Chopin und Ravel – und
auch Debussy!

*Quelle musique divinie!*

Oh, welch göttliche Musik!

*Joúe par an ange avec le raffinement*

Gespielt von einem Engel
mit der Finesse

*d'un prince.*

eines Prinzen.

*Tout à coup une resurrection.*

Ein plötzliches Wiederauf-
blühen.

*Les couples assombris se levent et*

Die Paare im Dunkeln
erheben sich und

*commencent à chanter.*

beginnen zu singen.

*Leurs voix touchent le marge du ciel.*

Ihre Stimmen reichen bis
zum Saum des Himmels.

*Même les morts sont touchés.*

Sogar die Toten sind ge-
rührt.

*Les morts se ravivent, pleins de délire.*

Die Toten sind wiederbe-
lebt, berauscht.

*Maintenant les oiseaux peuvent être*

Jetzt sind auch die Vögel

*entendu aussi.*

zu hören.

*»Hark hark the lark at Heaven's gate sings . . . et tra la la.«*
*Oui, les morts et les anges comprennent*

»Horch, horch, die Lerche

am Himmelstore singt . . . *et tra la la.* « Ja, die Toten und die Engel verstehen

*Anglais – très curieux.*

Englisch – wie seltsam.

*Les dieux et les demi-dieux parlent*

Die Götter und die Halbgötter sprechen

*Hongrois et Polonais*

Ungarisch und Polnisch.

*Mais seulement entre eux!*

Aber nur untereinander!

*Arrive l'aube . . . tout devient*

Die Dämmerung zieht herauf . . . alles wird

*silencieux. Le Monde respire.*

still. Die Welt atmet.

*Les anges disparaissent dans les*

Die Engel entschwinden in die

*images de Fra Angelico.*

Bilder von Fra Angelico.

*Da Vinci dors. Botticelli ouvre ses yeux.*

Da Vinci schläft. Botticelli schlägt die Augen auf.

*Le ronde commence sous un*

Der Reigen beginnt unter einem

*ciel de pâle bleu. Bleuâtre plutôt.*

zartblauen Himmel. Eher bläulich.

*Au revoir*

Auf Wiedersehen

*HM*

*

*Henry versicherte jedem, der es hören wollte, der Nobelpreis sei für ihn ohne jede Bedeutung. Daß er ihn trotzdem haben wollte, rechtfertigte er mit der Behauptung, er brauche die $ 160 000 für seine Kinder, da die Steuer den Großteil seines Nachlasses verschlingen würde.*
*Ich bin nicht sicher, ob das alles war, was dahintersteckte. Ich hörte wohl, wie Henry den Namen »Nobel« zu wiederholen pflegte, wenn die Rede auf den Preis kam. Dann leuchteten seine Augen, und er wurde ganz aufgeregt. Er betonte »Nobel« so, als sage er »nobel«. Er erklärte, als Nobelpreisträger sei man so gut wie geadelt.*
*Mehrere Astrologen prophezeiten ihm, er würde die höchste Ehrung erhalten, die einem Schriftsteller zuteil werden könne. So manches Medium und ein paar Astrologen behaupteten schlankweg, das »Große Ereignis« würde der Nobelpreis sein.*
*Jedes Mal, wenn einer seiner Freunde, wie zum Beispiel Isaac Singer, den Preis bekam, schrieb der Betreffende ihm und beteuerte, Henry hätte ihn weit mehr verdient. Henry mochte und schätzte Singer so sehr, daß beide ganz rührselig wurden, als Stockholm Singer auszeichnete. Mit vierundachtzig ahnte Henry, daß seine Chance, den Preis noch zu Lebzeiten zu erringen, knapp wurde.*
*Er ermunterte seine Freunde, seine Nominierung zu unterstützen. Isaac Singer schrieb einen ausführlichen Brief an die schwedische Akademie der Schönen Künste, und Lawrence Durrell führte zahlreiche Telefonate und setzte sich auch in seinen Briefen für Henry ein. Sogar Gouverneur Jerry Brown wurde als Helfer herangezogen. Auch ich beteiligte mich an der Kampagne, schrieb Briefe und rief Leute an, von denen ich dachte, sie seien in der Lage zu helfen. Eine Zeitlang hatte es den Anschein, als führe die ganze Stadt einen Kreuzzug, um für Henry diesen Preis zu erringen.*

*

7/10/76

*Liebste Brenda,*

nein, ich bin nicht tot, und ich habe Dich nicht vergessen, sondern Dich nur wider Willen vernachlässigt. Ich habe gearbeitet wie der Teufel, hatte diese verdammten Angina-pectoris-Anfälle und war überhaupt ein bißchen niedergeschlagen, obgleich diesen und nächsten Monat Erfreuliches eintreten sollte (astrologisch gesehen). Ich habe auch schon Anzeichen dafür.

Aber Du, liebe, liebe Brenda, glaubst Du, ich habe Dich gestern bei der Filmvorführung absichtlich verpaßt? Ich sah uns im Geiste nebeneinander sitzen, meine Hand in der Deinen in Deinem Schoß und vielleicht Deine himmlische Muschi streifend. Seltsam, daß ich so viele unaussprechliche Versionen von Dir und mir in seltsamen Positionen habe.

Morgen, Freitag, muß ich zu einem Empfang für Mr. Gimpel im Deutschen Konsulat, zwischen 6 und 8 Uhr abends. Zweifellos wird man ihn bitten, ein oder zwei Stücke zu spielen. Ich hasse solche Festivitäten, aber diese wird vielleicht anders sein.

Ich höre, Du und Bob und Anne habt einen wundervollen Videostreifen über ein Thema gedreht, das ich Dir gegenüber neulich erwähnte. Und Du hast Lisa gespielt! Wie ulkig! Hat's Dir Spaß gemacht?

Und Du, liebste Brenda, wie geht es Dir zur Zeit? Hoffentlich ist alles in Ordnung.

Liest Du immer noch Marie Corelli? Ich hoffe, Du hältst durch bis ganz zum Schluß, denn der letzte Teil des Buches ist entschieden der beste. Ich werde nicht verraten, warum, weil ich möchte, daß Du es selbst herausfindest.

Glaub mir, ich denke immerzu an Dich. Warum ich nicht anrufe, ist mir selbst schleierhaft. Das geht auf meine traumatischen Telefonate bei der Western Union zurück. (Du hast wahrscheinlich darüber gelesen, falls Du *Wendekreis des Steinbocks* gelesen hast – und wenn Du dieses Buch nicht gelesen hast, mußt Du es nachholen. Ich kann Dir jederzeit ein Exemplar geben, wenn Du eines brauchst.) Aber zuerst lies die Corelli fertig. Dieser letzte Teil bietet etwas für Dich, für mich, für uns alle. Du wirst schon sehen. Überspringe nichts. Alles ist relevant und von Bedeutung.

Soviel zum Gesellschaftlichen, Literarischen und Intellektuellen. Du bist aus Fleisch und Blut. Und ich bin's auch. Laß uns zum Körperlichen kommen. Brenda-in-natura! Wie geht es Dir, liebe Brenda? Denkst Du noch an mich im physischen Sinne? Begehrst Du mich? Ich begehre Dich gewiß – und zwar in einem sehr reinen Sinne, falls Dir das widersprüchlich vorkommt. Ich meine damit, wenn ich an Deinen Körper und Dein Geschlecht denke, ist das ebenso rein, als ob ich an das Funktionieren Deines komplizierten Verstandes dächte. Das klingt verrückt, nicht wahr? Ich bin weder fromm noch puritanisch. Ich liebe Deine Möse, Deine Titten, Deine Schenkel, Deinen Hintern, so wie es sich für einen guten, alten Lüstling gehört. Nur, daß ich sie allesamt ausdauernder liebe – glaube ich jedenfalls. Andererseits, wenn ich an meine jüngsten Anfälle von Angina pectoris denke, habe ich das beklemmende Gefühl, daß, solltest Du mir je eine echte Gunst gewähren, ich in Deinen Armen sterben könnte. »Gibt es einen schöneren Tod?« magst Du jetzt fragen. Recht hast Du! Nur, daß ich noch nicht bereit bin zu sterben, noch nicht. Ich will Dich nicht verlassen. Kannst Du Dir nicht etwas einfallen lassen, das uns ein gewisses Maß an Vergnügen bescheren würde, ohne lebensgefährlich zu sein? Kannst Du mir folgen? Bin ich übergeschnappt? Du kennst mich inzwischen recht gut. Ja, ich würde sogar sagen »verdammt gut«. Wir treffen einander in unseren Träumen, wir wiegen einander in den Schlaf (in der Phantasie), und Gott weiß, was sonst noch alles. Obgleich ich Dich erst kurze Zeit kenne, habe ich das Gefühl, Dich sehr genau zu kennen. Nicht Dein Leben, aber Dich, Deine Gefühle, Deine Träume, Deine Sehnsüchte. Und natürlich bestätigt jeder Brief, den ich von Dir bekomme, diesen Eindruck. Und das so sehr, daß ich, selbst

wenn wir uns nur auf ein paar Minuten sehen – Kuß und Abschied –, sorglos bin, zufrieden, erfüllt. Du siehst also, meine liebe Brenda, ich durchlebe die ganze Skala mit Dir. Wenn wir nicht hier auf Erden miteinander geschlafen haben, so doch im Traum und in der Phantasie. Und vielleicht sind das die besten Nummern, was meinst Du?
Ich muß jetzt aufhören. Der Tag ist rum. Ich bin ein klein wenig erschöpft, aber gleichzeitig geil – nicht zu fassen, wie? Vielleicht bin ich geil zur Welt gekommen, wo ich doch ein Steinbock bin mit Venus im Ersten Haus und Mars und *La Lune* in Deinem sagenhaften Skorpion. Jetzt reicht's.
Ich liebe Dich! Verzeih mein Schweigen und die scheinbare Vernachlässigung.

Für immer Dein
*Henry*

**************(*Dies sind die imaginären Ficks*)

*

*Unsere Beziehung hatte gewiß zwei Seiten – eine Traum, die andere Realität. In all den erotischen Briefen und in bestimmten Passagen anderer Briefe regiert die Phantasie. Der Gedanke, daß ich mit keinem Mann schliefe, weil ich nicht mit ihm schlief, war Teil dieser Phantasievorstellungen. Henrys Ego konnte es nicht verkraften, daß ich mich wegen irgend etwas an jemand anderen wandte als an ihn – Sex war da keine Ausnahme.*
*In Wirklichkeit wußte er, daß ich einen Freund hatte, aber mit der Zeit reagierte er so empfindlich, wann immer ich ihn daran erinnerte, daß ich schließlich jede Bemerkung über meine damalige Männerbekanntschaften vermied. Wenn Henry mich fragte, wie es mir gelänge, meinen Sexualtrieb zu unterdrücken, dann beruhigte ich ihn: »Die Arbeit lastet mich aus, und dann mach ich Ballett, Gymnastik, Joga und Jogging.« Daraufhin brummte er nur: »Hmm, hmm«, lächelte ein durchtriebenes Lächeln, und damit war das Thema vom Tisch.*

Nachdem er die vielen Fotos von mir bekommen hatte, revanchierte Henry sich mit einem Bild von ihm, das Anfang der dreißiger Jahre in Paris aufgenommen worden war.

Henry prüfte dieses Foto mit einer Lupe, ehe er entschied, daß wir uns treffen sollten.

Aufgenommen von seinem Freund Man Ray, 1946

Henry gefielen Martins Schnappschüsse von mir, und er bat Martin, eine Porträtaufnahme von uns zu machen. Für diese Bilder wagte sich Henry 1979 ins Studio.

Für Brenda. Herzlichen Glückwunsch zum Geburtstag, 10/11/77

Henry Miller, 1977

»Für Brenda Venus. Ein Strahl jenes wundersamen Lichtes, das unaufhörlich gleißt und glüht«

Henry Miller, 1979

In Henrys Haus, 1979

Weihnachten 1979. Lawrence Durrell zeigte mir Henrys Paris. Anaïs, Henry und Lawrence waren häufig im Dôme zu Gast.

*Am selben Tag – Samstag,*

*Geliebte,*

es ist jetzt 5 nach 10 Uhr abends. Ich dachte, es sei 10 vor eins in der Früh. Wo bin ich? Wer bin ich? Ich bin Dir auf Gedeih und Verderb ausgeliefert – nicht nur Deinen körperlichen Reizen bin ich erlegen, sondern Deinem ganzen Wesen. Ich bin im 7ten Himmel! Jeder versichert mir, ich sähe großartig aus, und dann antworte ich immer: »Das macht die Liebe!« oder: »Das macht Brenda!« Ich weiß nie, wo meine Brenda sein mag, und ich bin auch nicht neugierig – ich weiß ja, wo immer sie ist, sie ist bei mir, mit Leib und Seele. Nein, Brenda, wir sind wie siamesische Zwillinge – man kann uns nur auseinanderschneiden.

Irgendwann bald einmal muß ich Dein Haus wiedersehen! Besonders, da es entrümpelt worden ist – bis auf meine Aquarelle und Deine!

Bekam heute abend einen Brief von Irving Stettner. Hat unser Foto in *People* gesehen. Fand Dich *magnifique*!

Stell Dir vor, neulich habe ich meinen lieben Freund und Schwager Lilik Schatz aus Jerusalem verloren. Scheint, als ob »man« um mich rum stirbt wie die Fliegen. Und was hält mich lebendig und kregel? Brenda Venus, einstmals wohnhaft in Hattiesburg und Biloxi. Biloxi – dort mache ich im Geiste lange Spaziergänge mit Dir – unter jenen immergrünen Eichen, die von irgendeinem Griechen gepflanzt wurden. Ich sehe Dich stets allein, nie mit Deiner Mutter oder einer Nonne, mit Verlaub gesagt.

Das erinnert mich an die Zeit, da ich das Geschäft meines Vaters übernahm (für ungefähr ein Jahr) – er war zu krank, um zur Arbeit zu gehen.

Als ich das erste Mal den Safe aufmache, finde ich eine Schublade voll unzüchtiger Postkarten und Präservative, in Talkum getaucht!! Er ist also auch ein Mensch! dachte ich bei mir. Aber es ist immer ein bißchen schockierend zu erfahren, daß die eigenen Eltern das gleiche gemacht haben (in grauer

Vorzeit) wie man selbst, *n'est-ce pas*? Papier wird knapp und die Zeit auch. Man ruft mich zum Essen. Ein Hoch auf den Nobelpreis!

*Sela!* Ganz der Deine!
*Henry*

P. S. Du, ich und Mississippi! Immer ein blau-violetter Traum. Wir passen zusammen – da braucht's kein Talkum. *HM*

*IN LIEBE!!!!*

Ich lasse Dich jetzt allein, *magnifique* aussehend und Dich auch so fühlend, hoffe ich. Ich presse Dich fest an mich, damit ich Deinen ganzen Abdruck auf mir spüre. Köstliches Gefühl!
Dein inamorata, Henry.
Könnte noch mehr schreiben, aber meine Augen streiken!
Hast Du heute fest an mich gedacht?

*

*Das hatte ich. Er hatte den Nobelpreis nicht bekommen. Alle, die ihn kannten und liebten, verstanden, daß er allein sein mußte. Er war so verzweifelt, daß er Lawrence Durrell anrief, um mit ihm darüber zu reden, und Durrell erklärte ihm, er habe eines der einflußreichsten Ausschußmitglieder persönlich getroffen und ihn rundheraus nach dem wahren Grund gefragt.*
*Die Antwort lautete: »Monsieur Durrell, ich denke, ich muß Ihnen sagen, daß wir abwarten, bis er anständig wird.«*
*Henrys Antwort darauf lautete: »Nie im Leben werde ich anständig. Ich werde mich nie ändern. Ich glaube nicht, daß ich je aufhören kann zu schreiben. Kann sein, daß ich mit der Zeit Scheiß verzapfe, aber ich werde auch dann noch schreiben, was ich empfinde. Vielleicht sterbe ich mit dem Stift in der Hand.«*
*Ich glaube, der Zorn trieb ihn schließlich aus dem Bett.*

*Lange danach, als Henry einmal in Erzähllaune war, schilderte er, was seiner Meinung nach geschehen war:*

*

Ich kam mit einem Schweden in Kontakt, der aus dem Französischen ins Englische und Schwedische und Norwegische übersetzte. Ausgezeichneter Übersetzer, übertrug Rimbaud, die Surrealisten, Symbolisten und die großen französischen Dichter sehr gut, und ich begann, mit diesem Mann zu korrespondieren.
Und dann, eines Tages, schreibt er: »Ich werde dann und dann in Paris sein, könnte ich Sie treffen? Ich würde mich gern mit Ihnen unterhalten.« Und ich dachte: »Nichts lieber als das«, aber vorsichtshalber lud ich ihn nicht ein, zu mir zu kommen, sondern gab als Treffpunkt ein Café auf dem Blvd. St.-Michel an – eine Avenue, die zum Phanteon führt. Das ist eine sehr berühmte Ecke von Paris. Ich gehe hin, um mich mit ihm zu treffen, und glaub mir, ich hatte kaum fünf Minuten mit ihm gesprochen, da war ich seine Banalitäten, seinen Unsinn so leid, daß ich unvermittelt sagte: »Verzeihen Sie, o verzeihen Sie, aber mir fällt eben was ein. Ich habe ein Rendezvous gleich hier in der Nähe, das hatte ich total vergessen. Wollen Sie mich entschuldigen?« Und ich rannte weg. Ich bin nicht gegangen, sondern gerannt. Und an der Ecke, wo ich angeblich mein Rendezvous hatte, machte ich kehrt und rannte und lief im Zickzack die Straße entlang, für den Fall, daß er mir gefolgt sei.
Ausgerechnet dieser Mann wurde später zufällig der Vorsitzende des Literaturausschusses für den Nobelpreis! Wenn er sich an diesen Vorfall erinnert hat, muß er mich jahrelang auf dem Kieker gehabt haben.

*Am selben Tag oder Abend*

*Liebste Brenda,*

Du hast das Buch über Schriftstellerei vergessen, um das Du mich gebeten hattest.
Nun zum Schreiben. Briefe unterscheiden sich von anderen Formen des Schreibens. Sie sind spontan, vertraulich und kommen von Herzen. Mein Buch über die Schriftstellerei würde Dir nicht helfen. Ich fürchte, niemand kann da helfen, außer Du selbst. Erst einmal mußt Du lernen, richtig zu lesen (oder ein Bild auf die rechte Weise zu betrachten). Dabei wirst Du bestimmter Stilkriterien gewahr werden, die Du zuvor übersehen hast. Kunst ist etwas Alltägliches. Sie ist eine Möglichkeit, das Leben, Menschen und Ereignisse zu betrachten. Du siehst, was andere auch sehen, aber mehr. Du siehst, was Du selbst hineinlegst.
Ich werde mich jetzt nicht weiter darüber auslassen – mir wird kühl. Hier noch ein wundervoller Autor, mit dem Du Dich vertraut machen solltest: R. H. Blyth, ein Engländer, Zen-Anhänger, wunderbar!
Ich muß Dich jetzt verlassen. So lieb, daß Du gekommen bist. Du bist ein Engel.

In Liebe,
*Henry*

*Freitagnachmittag*

*Liebe, liebe Brenda,*

heute bekam ich einen Brief von Dir (unerwartet). Hurra! Weiß nicht, ob meine Zeit oder Kraft ausreichen werden, alles zu beantworten.
Erstens: *Ekstase*. Ich sah ihn Anfang der dreißiger Jahre in Paris und schrieb ein Kapitel darüber – auf Französisch. Erinnere mich, daß ich den gewollt langsamen Rhythmus

lobte. Ja, die Frau in dem Film, die Du erwähnst, hatte einen wundervollen Körper und war sich nicht zu schade, ihre Reize zu enthüllen. Ich wußte nicht, daß sie Skorpion war. Wenn ich mich recht erinnere, hieß das Buch, in dem mein Kapitel erschien, *Das kosmologische Auge* (verlegt bei New Directions, New York). Entweder in diesem oder in einem anderen Buch hatte ich ein Kapitel über meine (damaligen) Lieblingsfilme und Lieblingsschauspieler und -schauspielerinnen.

Habe ich Dir erzählt, daß ich neulich Besuch von einer dänischen Schriftstellerin (32) hatte, wirklich schön und attraktiv, die mir ihr Buch *Erlöse uns von der Liebe* verehrte? Ich werde es Dir leihen, wenn zwei, drei Leute es gelesen haben. Ich bin sicher, es wird Dir gefallen. Sie ist sehr ehrlich, freimütig, unvoreingenommen, blitzgescheit und hat Humor. (Auch ein Skorpion.) Ich hätte mich in sie verlieben können (wenn Du nicht wärest).

Aber was ich Dir eigentlich erzählen wollte, ist, daß ich heute morgen, als ich auf die Toilette ging (leider ein bißchen zu spät!), mit einem fürchterlichen Bums auf die Klobrille gefallen bin (ausgerutscht), mir am Rücken weh getan und mir wieder den Arm abgeschürft habe. Außerdem hatte ich einen argen Schock weg – hielt den ganzen Tag an. Wäre das nicht passiert, hätte ich Dich angerufen – aber dieser Sturz nahm mir den Mumm. Im Anschluß daran hatte ich 3 oder 4 Anfälle von Angina pectoris. Das ist ein gräßliches Leiden und versetzt einen in regelrechte Angstzustände. Man weiß, daß man nicht sterben wird, steht aber trotzdem furchtbare Angst aus und hat Krämpfe in Armen und Brust.

Also – Du hast ein Treatment für eine Liebesgeschichte geschrieben. Großartig! Glaubst Du, Clint kann einen feurigen Liebhaber spielen? Ich wünschte, ich könnte wenigstens ein Drehbuch für Dich schreiben – aber entweder fehlt es mir an Talent, oder die Aufgabe reizt mich nicht. Ich kann anscheinend nur fortfahren, meine Lebensgeschichte zu erzählen. Und die nimmt kein Ende.

Brenda, es ist merkwürdig, wie ich immer wieder vom Thema

abkomme, wenn ich Dir schreibe. Ich setze mich hin in der Absicht, über Dich zu sprechen, Deinen Körper, Dein Temperament, Deine Liebesreife, und statt dessen schreibe ich über Gott und die Welt. (Ich könnte Dich von oben bis unten ablecken, vor allem diesen kleinen Spalt zwischen den Beinen. Ich stelle mir vor, ich könnte Dich morgens, mittags und abends ficken, aber die Vernunft sagt mir, daß das nicht in Frage kommt. Doch niemand kann mich davon abhalten, Dich bis zur Bewußtlosigkeit zu ficken – in meiner Phantasie. Eine der Tragödien des Alters besteht darin, daß man sehr geil sein kann und doch keine Erektion hat. Aber ich stelle mir vor, etwas Ähnliches passiert Frauen in jedem Alter, *non*?)
Von meinem Sturz im Bad tut mir alles weh. Darum will ich schließen und Dir Gute Nacht sagen, liebe Brenda; all Deinen entzückenden Körperteilen.
Bald mehr! Ja, wir werden zusammenkommen, hier, dort oder anderswo.

*Henry*

*Montag*

*Geliebte Brenda*,

ich sehe Dich immer noch vor mir, spüre Dich noch. Du bist es, Du, was mir unter die Haut geht, mich ganz durcheinanderbringt, etc., etc., etc. Es ist, als hätte ich Dich zum erstenmal gesehen – gestern abend. Sagenhaft. Überschäumend vor Liebe, Sex, Anbetung, Mitgefühl, *tout*, *tout*.
Ich möchte nach nebenan gehen und malen, klebe aber hier fest, weil mein Arzt nur die Telefonnummer von diesem Zimmer hat.
Meine liebe, geliebte Brenda, wonach ich mich wirklich verzehre, das ist, Deine Muschi *(le petit chat)* sanft zu drücken, durchs Kleid oder nackt, was auch immer, wie auch immer. Es ist beinahe eine fixe Idee. Aber sie ist wie eine kondensierte

Form Deiner selbst, Du in Form einer Blume – Stiefmütterchen, Gladiole, Orchidee, was Du willst; wir sind immer so dicht an diesem Stadium. Ich bin sicher , Du weißt das. Doch es ist, als gäbe es einen geheimen Pakt zwischen uns – bis hierher und nicht weiter! Trotzdem, wenn Du die Arme um mich schlingst, dann tust Du es mit Leib und Seele. Du gibst Dich ganz – und ein bißchen, nein, sehr sehr viel. Es scheint daher frevlerisch, über die fehlende Blume zu sprechen, ist es nicht so? Aber ich wäre nicht H. M., wenn ich es nicht täte. Genaugenommen sieht es H. M. ganz und gar nicht ähnlich, davon zu reden. In der Regel handelt er zuerst und denkt hinterher.

Langweile ich Dich mit diesem Männergeschwätz? Hoffentlich nicht. Und ich hoffe, es setzt mich in Deinen Augen nicht herab. Gefällt Dir dieses Papier? Wirkt wärmer, leidenschaftlicher, *n'est-ce pas*? Vielleicht habe ich meine Regel. Männer haben auch eine, mußt Du wissen, nur, wenn sie menstruieren, dann bluten sie aus allen Poren ihres Körpers, inklusive des Gehirns.

Und dann ist es, als fasse der Himmel nur das zarteste Gewicht *(les poids délicats du ciel)*. Und Du, meine Geliebte, schwebst dort in den Wolken, schwerelos und ohne Flügel.

(Was um alles in der Welt ließ Terence Young an mein Badezimmer denken, als er Deines betrat?)

Ja, Du bist eine Schönheit – eine klassische Schönheit – *du temps ancien*. Sizilianisch nach Auge und Hand, spanisch in Deinem Hochmut, unerschütterlich nach Indianerart – und allumfassend wie Mutter Erde selbst in Deiner Fähigkeit zu lieben. Du bist die Liebende, die auf stummen Saiten spielt, um mein Idol Knut Hamsun zu paraphrasieren.

Vertiefe Dich weiter in Maggi Lidchis Buch, vieles darin paßt ganau auf Dich – und stammt von einer wirklichen Frau. Du wirst schon sehen.

Ich habe mich gefragt, was Dich nur auf den Gedanken brachte, gestern abend zu sagen: »Wir könnten großartig miteinander streiten.« Warum sollten wir je streiten? Ich erröte, bloß weil ich eine beiläufige Kritik vorbringe – an meiner Göttin. Und Du, ich spüre, daß Du mich völlig akzeptierst – ohne wenn und aber oder vielleicht. *Alors, à quoi bon de se discuter? Je t'aime profondément, je suis à toi seule.*

*Henry*

P. S. Noch immer kein Brief von Dir? Und Du, hast Du meinen schon bekommen? Es wäre ein Jammer, wenn er verlorengegangen wäre, denn ich habe Dich auf tausenderlei Art gepriesen. Und hierin sind noch ein paar Huldigungen!

*H. M.*

*13/10/76*

Guten Morgen, meine süße Brenda. Wie geht es Dir heute?

Ich hatte heute zwei seltsame Erlebnisse. Die Kontrolluntersuchung bei meinem Herzspezialisten war fällig (Charles konnte mich nicht hinbringen, also fuhr Tony mich.) Auf dem Hinweg legte er eine Chopin-Kassette ein – sehr gut. Als wir beim Doktor ankamen, ging der Lift nicht. Ich konnte die zwei Treppen zu seiner Praxis nicht hinaufsteigen, also trug Tony mich wie ein Kind in seinen Armen. Auf dem Heimweg spielte er eine Kassette von seinem Lieblingsstück – Beethovens berühmte 9. Sinfonie. Bei all der Musik, die ich in meinem Leben gehört habe, muß ich gestehen, daß ich dieses sagenhafte Werk noch nie gehört hatte. Als es zu Ende war, dachte ich bei mir: »Man muß ein bißchen verrückt sein, um eine solch herrliche Ode an die Freude zu komponieren.«

Ich erzähle Dir das, weil ich ganz stark das Gefühl habe, daß für die großen Schöpfungen ein bißchen Verrücktheit unbedingt notwendig ist. Shakespeare war nicht ganz bei Trost, Rabelais ebenso wenig. Für Film- und Fernsehdrehbücher ist natürlich Normalität an der Tagesordnung.

Die Briefe, die ich von Verrückten bekomme, behalte ich. Die übrigen gehen an die Bibliothek. Deine sind in einer Truhe verwahrt, die erst nach meinem Tod geöffnet werden soll.
Hör nicht auf, mir zu schreiben, liebe Brenda, auch wenn Deine Briefe nur mit der Lupe zu entziffern sind. Du gibst mir Wärme, Mut und Inspiration.
Manchmal frage ich mich, ob meine Briefe zu persönlich werden, zu vulgär, zu intim. Ist das so? Du versicherst immer, daß sie Dir gefallen. Hoffentlich stimmt das, denn Du wirst noch viele bekommen, wenn ich lange genug lebe.
Ich muß bald aufhören, weil das kleine Stück fehlenden Fleisches in meinem Gesäß das Sitzen zur Qual macht.
Ich mag die Art, wie Du Deine Briefe beschließt. Immer etwas Neues. Du bist nicht nur ein Liebling der Götter, Du bist ein Juwel – ein Kohinoor.
Wir sehen uns am Donnerstag – leider nicht früher. Ich muß gestern abend fest eingeschlafen sein – habe Dich weder gehört noch Deinen Kuß gespürt.

Also bis dann,
*Henry*

*Sonntag, 23/10/76*

*Geliebte Brenda*,

jetzt nur ein paar Worte – morgen mehr –, um Dir zu sagen, wie viel Du mir bedeutest. Als ich gestern Deinen Brief auf meinem Schreibtisch sah, sank mir das Herz. Ich hatte mich so auf das Wiedersehen mit Dir gefreut. Allein, ich verstehe vollkommen.
Beim Aufwachen fühlte ich mich leer – Du fehltest mir so, *und* dann der Gedanke, daß jenes großes Ereignis, das ich erwarte (von den Astrologen versprochen) – dieses große Ereignis ist bereits eingetreten. *Du bist es!* Wie blind war ich, das nicht zu erkennen!

Dieser Brief, den Du mir gestern vorgelesen hast, war die größte Huldigung, die mir je eine Frau zuteil werden ließ – verdiene ich das wirklich? Du sprichst immer nur von meinen Tugenden, nie von meinen Fehlern. Das ist so wunderbar. (Val ist das genaue Gegenteil – und doch seid Ihr beide Skorpion!)
Ich werde Dich also bald sehen. Wie wunder–, wunder–, wunderbar. Wie die Erhörung eines Gebets.
Alles, alles Gute, meine geliebte Brenda!

*Henry*

*Am selben Tag – 10 Uhr abends*

*Geliebte Brenda!*

Habe gerade diesen phantastischen Brief noch einmal gelesen. Weißt Du, meine Liebe, Du drückst Dich in Deinen Briefen unwahrscheinlich gut aus. Vermutlich, weil sie ein Medium sind, für das man *Herz* braucht. Und Du bist ganz und gar Herz, von Kopf bis Fuß. Ja, wenn Du das nächste Mal kommst, habe ich vielleicht *Herz. Ein Buch für die Jugend* für Dich. Ich erwarte noch zwei Exemplare. Auf Italienisch heißt es *Cuore* – einfach nur »Herz«, und das trifft's viel besser. Ich bin sicher, Du wirst dieses Büchlein *lieben*. Ich habe außerdem noch zwei andere Lieblingstitel – einen von Pierre Loti: *Die Entzauberten* (auf Englisch), und *Auf überwachsenen Pfaden* von Knut Hamsun, geschrieben in der Irrenanstalt und in dem Altersheim, wo er als Verräter eingesperrt war, wie Ezra Pound. Das Buch ist rührend und romantisch. Liest sich ziemlich schwer. Heute abend hat Sava versucht, die mögliche Bedeutung von einem von Cendrars Frühwerken zu erklären – *Moravagine*. »Tod der Vagina«. Komisch, was?
He! Hab heute nachmittag wieder ein Aquarell gemalt. Ein wirklich doofes, aber ganz interessant, glaube ich. Ich hatte es schon aufgegeben, ging rein und machte ein kleines Nicker-

chen, dann zurück an den Arbeitstisch, und aus schierer Willenskraft brachte ich doch noch was zustande. Brauche mich nicht dafür zu schämen. Im Körper eines unbekannten Tieres habe ich das Wort sarasota dargestellt – gemeint ist eine Stadt in Florida. Warum ich das gemacht habe? Ohne Grund. Der beste aller Gründe ist immer »ohne Grund«. Hat Mutter, als sie Vater beiwohnte, daran gedacht, wie »es« aussehen würde, wenn es aus dem Mutterleib schlüpft? Ich glaube nicht.

»Weit drunten im Süden von Dixie...« Ich erinnere mich wieder. Du bist »mein Dixieland-Sweetheart, mein Pensacola-Flapper. Meine Fünf-Cent-Graziella... Weit, weit...« Ich hab mein Herz in Dixieland verloren, und Mann, ich schwör, zurück will ich es nimmermehr. Es gehört ganz Dir. Du sollst leben, meine Muse, meine Inamorata. Lebe, lebe!!!

*Henry*

## SZENARIUM

### Frühe Jugend

Beim Wiederlesen eines Buches, das ich vor langer, langer Zeit gelesen hatte *(Herz. Ein Buch für die Jugend)*, beeindruckten mich gewisse Ähnlichkeiten zwischen dem Leben italienischer Jungen mit dem derer, die ich im guten, alten Brooklyn kannte. Vor allem verstanden wir beide, auf was sich Carlyle in einem seiner Bücher: *Über Helden, Heldenverehrung und das Heldenthümliche in der Geschichte*, bezog. Wir bewunderten die Jungen, die sich schamlos in den Mittelpunkt drängten. Und wir hatten kein Erbarmen mit Schwächlingen und Blödmännern. Von Zeit zu Zeit bekannten wir, der Soundso sei ein richtiger Heiliger. Der Betreffende war wahrscheinlich sechs bis acht Jahre älter als wir, bettelarm, verdiente seinen Lebensunterhalt als Holz- und Kohlenträger (in so jungen Jahren), aber er hatte ein goldenes Herz. Johnny Paul, ein Italiener im Teenageralter, war damals meiner unmaßgeblichen Meinung nach ein Heiliger; wenngleich mir damals noch nicht ganz klar war, wie ein Heiliger eigentlich sein sollte. (Ich war in der presbyterianischen Kirche erzogen worden, nicht in der katholischen. Und in unserer Kirche wurde nicht über Heilige oder die Jungfrau Maria gesprochen.)

Wir versuchten, die Gunst unserer Heiligen zu erringen. Schafften wir es, daß sie uns ein Lächeln schenkten oder uns auf die Schulter klopften, waren wir im Siebenten Himmel.

In meiner unmittelbaren Nachbarschaft benutzten wir Kinder nie das Wort »Prostituierte«, ja, wir kannten es nicht einmal vom Hörensagen. Hure – das war unser Wort. Und eine unserer kleinen Freundinnen war als die Hure des Viertels verschrien. Sie hieß Jenny und war ein reizendes, sanftes Geschöpf, das meine Vorstellung von »Huren« schon sehr früh im Leben geprägt haben mag. Als ich das erste Mal nach Paris kam, schloß ich sogleich Freundschaft mit den Huren; eine der ersten Kurzgeschichten, die ich dort schrieb, trug den Titel: »Mlle. Claude«. Irgendwie haben sie immer gespürt, daß ich sie anders einschätzte als die meisten Männer.

Doch zurück zu Jenny. Im Spiel taten wir gern so, als vögelten wir sie in irgend jemandes Keller – »ein Penny pro Schlitz«. In Wirklichkeit taten wir nichts weiter, als Genitalien befühlen. Aber schon das versetzte uns in fast ebenso prickelnde Erregung, wie in späteren Jahren »ein guter Fick«.

Das Wort, mit dem ich immer meine frühe Jugend (von fünf bis zehn) beschreibe, ist *golden*. In meiner Erinnerung ragt diese Phase (selbst heute noch) über alle anderen hinaus. Vielleicht weil alles »neu« war für mich. Und ich lernte rasch. Nicht nur auf der Straße lernte ich, sondern auch zu Hause, wenn ich am einen Ende von Großvaters Bank hockte. (Er war Schneider und arbeitete für meinen Vater, der seinen Laden in der Fifth Avenue hatte.) Ich saß also auf seiner Bank und las in einem von meinen vielen Büchern; manchmal las ich ihm laut vor. Manchmal drückte er mir ein paar Stoffetzen, Nadel und Faden in die Hand und trug mir auf, etwas Hübsches zu machen, worüber mein Vater sich freuen würde, wenn er heimkäme. (Schon in diesem frühen Stadium war eine Verschwörung im Gange, um auch aus mir einen Schneider zu machen.)

Manchmal brachte ich Stanley (meinen ersten Freund) mit in Großvaters Arbeitszimmer. Dann spielten wir mit meinen Spielsachen, während mein Großvater sein Lieblingsliedchen sang: »Husch, husch, du dumme Fliege, weg mit dir!«

Ich erinnere mich, wie ich an Regentagen in eben diesem Zimmer beherzt und mit kräftiger Stimme muntere Lieder schmetterte. Und meine Tante, die nebenan in der Küche arbeitete, kam raus, klatschte in die Hände und bat mich weiterzusingen.

Jahre später, viele Jahre später, stapfte ich mit Val oder Tony auf dem Rücken durch den Wald und lehrte sie Lieder wie *Yankee Doodle Dandy* und dergleichen. Die Kinder waren ganz wild auf diese Ausflüge in den Wald.

Zum Bemerkenswertesten an dieser Zeit, die mir so lebhaft vor Augen steht, gehört, daß wir damals schon angehende Psychologen waren. Wir (Stanley und ich) pflegten jeden Jungen aus der Nachbarschaft abzutaxieren. Die Helden wie Eddie Carney und Lester Reardon standen abseits. Wenn Lester Reardon die North First Street runterging – bloß bis zur nächsten Ecke –, sah ich ihm respektvoll nach. Ich hätte ihm nicht mehr Ehrfurcht entgegenbringen können, wäre er der Papst persönlich gewesen. Dann waren da noch die potentiellen Verbrecher wie Alfie Letcha und Johnny Goeller. Tatsächlich landeten sie später beide in Sing-Sing.

Sing-Sing! Ein weltbekanntes Gefängnis am Hudson River. Eines Tages, wiederum viele Jahre später, kommt der ehemalige Gefängnisdirektor von Sing-Sing in mein Büro bei der Western Union Telegraph Co., wo ich damals Personalchef der Botenzentrale war. Er kam als Repräsentant irgendeiner katholischen Organisation, die sich um die Rehabilitierung ehemaliger Häftlinge bemühte. Ich erklärte ihm rundheraus, daß es verboten sei, Vorbestrafte einzustellen. Er überging meine Bemerkung und fing an, mir zu versichern, daß er mit seinem Leben für jedes Delikt eines der Männer einstehe, die er mir schicke. Ich war so angetan von seinem Eifer, daß ich gleich am nächsten Tag drei oder vier Ex-Sträflinge einstellte. Ich fand sie nicht nur tüchtig und zuverlässig (was die jungen Burschen nicht waren!), obendrein kamen sie auch noch, wenn sie aus dem Dienst ausschieden, zu mir, bedankten sich für das, was ich für sie getan hatte, und schenkten mir ein Andenken, wie etwa einen Ring oder eine Uhr. Oft segneten sie mich . . .

*Mittwoch*

*Brenda,*

Liebling, Du sahst gestern blendend aus in Deinem Ballettkostüm. (Ich wünschte, wir könnten in dieser Aufmachung zum Essen gehen.)
Schon seit Du gestern weg bist, hatte ich beständig den Wunsch, Dir zu schreiben – und jetzt ist es mittag des *nächsten* Tages! So verdammt viele unangenehme Pflichten und unerwartete Besucher.
Wollte Dir sagen, daß ich, seit Du weg bist, bis 8 Uhr heute morgen keine Schmerzen in der Brust hatte – aber heute früh um 8 Uhr heftige Schmerzen im Arm. Lassen jetzt nach. Ein mir seit langem befreundeter Arzt (aus Bermuda) kommt in ein paar Minuten zu Besuch. Ich tippe drauf, daß es nicht die Pumpe ist, sondern etwas *Psychosomatisches.* Du bist die Ursache und die Heilung – *beides.* Meinst Du nicht auch?
Jedenfalls fühle ich mich großartig. Muß aufhören – Doktor ist eben gekommen.

*In Liebe*
*Henry*

## AN BRENDA LA BIEN AIMÉE!

Nach vielen Monden des Schweigens
Hier wieder ein kleines Lied
Für meine geliebte Brenda
Von Erde, Sternen und Meer
Von andren Plätzen mit hübscher Aussicht ganz zu schweigen
Obgleich sie sich guter Absicht neigen
So der ewig lockende Platz
Zwischen den Gliedern, der Busen gewölbt
Wie der Rumpf eines Ozeandampfers
Die festen femininen Füße und Schenkel
Von oben mit aller Kraft umschlingen
Und vielleicht bezwingen
Gar zu energisch, wie das Leben selbst
Und all ihre Liebsten, sterblich
Und unsterblich, mit Leib, Seele,
Geist, grauen Zellen und all den
Windungen des duftenden Fleisches
Die je geruht unter dem seidigsten Gewand, getragen
Nur von Königinnen, Ballerinen und
Göttinnen irdischen Ursprungs
Frucht körperlicher und himmlischer
Liebe, die keine Schranken kennt
Ständig in Hitze und Lust und
Gebettet in geistige Reize
So sei es mit Brenda, Cherubim und Seraphim, ätherisch,
Körperlich, faszinierendes Wechselspiel
Der Polarstern, stets himmelwärts deutend, doch erhellt
Vom Unheiligsten, sei's Mann, Frau, Gott oder Teufel.

*Henri*

# *1977*

*11. Januar 1977*

*Heilige Brenda,*

noch liegt ein Berg unbeantworteter Post vor mir, aber ich hatte das Gefühl, ich dürfe mir eine Pause gönnen, um ein paar Worte über Deine Jelinda zu verlieren, ferner den tiefen Süden (Magnolien, spanisches Moos, etc.) und »Bildung«.
Deine Freundin Jelinda De Vorzon hält, was Du versprochen hast, und mehr. Sie besitzt innere Schönheit ebenso wie äußere, ist zartfühlend, ungemein taktvoll *und* was Ihr (die Südstaatler) eine »richtige Lady« nennt.
Sie erkundigte sich nach dem Titel des Dostojewski-Romans – gestern nacht im Schlaf ist er mir eingefallen – *Schuld und Sühne*. Jelinda scheint besonderen Wert auf Weiterbildung zu legen. Meines Erachtens ist das nicht nur falsch, sondern unnötig. Was wir brauchen, ist nicht mehr Wissen, sondern mehr Weisheit. Ich meine Lebensweisheit. Wie man es anstellt, zu überleben und das Beste aus diesem Scheißplaneten (der im Arsch ist) zu machen. Und wer hat ihn dahin gebracht? Ich meine, nicht irgendein Schöpfer, sondern der Mensch selbst. Bei mehr Weisheit denke ich allerdings nicht an indische Gurus, Lamas, Lehrer etc. Lebensweisheit kann man bei ganz gewöhnlichen Menschen finden. Die »Unwissenden« besitzen oft mehr echte Weisheit als die Geliebten.
Sobald Du mir Jelindas Adresse gibst, werden wir uns an die Arbeit machen und ein paar Verleger und/oder Buchhändler anschreiben, damit sie ihr ein paar von den Büchern schicken, die mir »gefallen« haben. Vielleicht haben sie meiner Seele gut getan. Du hast die meisten davon gelesen – siehe: *Boyhood with Gurdjieff* von Fritz Peters; die zwei Bde. meiner Erinnerungsbücher an Freunde; *Erdbewohner* von Maggi Lidchi; *Look and Move On* von Mohammed Mrabet, und so weiter. Ich meine, Lesen sollte nicht der Belehrung dienen, sondern

unsere Seele erfreuen. Gefühl rangiert vor Intellekt. (Aber darüber wißt Ihr Mädchen ja bestens Bescheid!)
Was hat die Südstaaten-Schöne nur an sich, daß die Männer ihr scharenweise zu Füßen liegen? Ich denke, es ist mehr als die Fähigkeit, sich hinzugeben. (Natürlich weiß ich, daß es nur eine scheinbare Hingabe ist, aber gerade das verzaubert die Männer und macht sie schwach, läßt ihr Ego schrumpfen, weckt den Kavalier und Troubadour in ihnen.)
Deine Freundin, wenn ich das sagen darf, scheint mehr mit sich im Reinen zu sein als Du. Sie ist erfolgreich in ihrem Beruf – welcher das auch sein mag. Manchmal denke ich, meine liebe Brenda, Du kämpfst zu hart, quälst Dich zu sehr. Du solltest Zufall oder Schicksal eine größere Rolle in Deinem Leben gewähren! Hoffentlich hat Dich dies letzte nicht gekränkt. Du weißt, der richtige Ärger kommt erst, wenn Du ganz oben bist! Anbetung ist nur was für Götter, gewöhnlich Sterbliche (»Stars« eingeschlossen) kriegen nur Villen, Rolls Royce und Kopfweh.
Um es von einem anderen Blickwinkel aus zu betrachten . . . Wenn die Welt aus den Fugen ist und wenn der Schöpfer das zugelassen hat, was können dann arme Sterbliche dagegen ausrichten? *Kosmische Fehler* können sie jedenfalls nicht korrigieren.
Nun, von der verdammten Schreiberei und dem vielen Lesen heute tut mir der Rücken weh. Ich werde jetzt schließen und mich ein bißchen hinlegen. Vielleicht spreche ich Dich vor dem Abendessen.
Ich liebe jeden Knochen in Deinem Körper, jeden Muskel, jedes Blutgefäß – aber am meisten von allem *Dich selbst*!

Noch mehr Liebe.

Dein Nichtswürdiger, will sagen, Dir vollkommen ergebener

*Henry*

P. S. Habe Foto von Dir allein an meinen *deutschen* Biographen geschickt. Er wollte wissen, was »inamorata« bedeutet. (Geliebte.)

*Am selben Tag – Dienstag*

*Meine liebe, hochherzige Brenda,*

Du scheinst heute recht bedrückt zu sein. Außerdem ultraempfindlich. Ehe ich näher darauf eingehe, muß ich Dich daran erinnern, daß Geburt und Tod die beiden indisputablen Geheimnisse des Lebens sind, die man klar ins Auge fassen muß. Es paßt nicht zu Dir – es schickt sich nicht, wie man so schön sagt –, daß Du plötzlich anfängst zu weinen (und sei's auch nur ein bißchen), wenn gewisse unerfreuliche Themen zur Sprache kommen. Ich habe immer die Ansicht vertreten, daß, ist das Leben gut, der Tod es auch sein muß. Beides sind Mysterien, keine Katastrophen.

Und das bringt mich noch einmal zurück zu den *Lahmen Wowniks.* Vielleicht ist Dir aufgefallen, daß Jesus 12 Jünger hatte – und die waren richtige Nullen. König Artus hatte 12 Ritter in seiner Tafelrunde, und sein erklärter Liebling verführte seine Frau Guinevere. Es gibt zwölf Tierkreiszeichen – und es ist schwer zu sagen, welches besser ist als die übrigen. All diese Zwölfen sind Komponenten von 36 oder *Lahme Wowniks.*

Das bringt mich auf Martin, den Wirtschaftsmanager. Obwohl ich ihn für einen höchst intelligenten Typ halte, bin ich doch ein bißchen mißtrauisch, was sein »Wissen« angeht. Er ist so jüdisch, auf jene unwägbare Art der Juden. Du darfst Dich nicht beirren lassen, mußt Deiner anarchischen Natur treu bleiben, Deiner donquichottischen, rebellischen Natur, Deinem angeborenen Instinkt und Deiner unfehlbaren Intuition. Martin ist der geborene Lehrer. Er will anderen seinen Gedanken aufoktroyieren. Was nichts anderes bedeutet als: »Nimm Dich in acht!«

Oft werden wir nicht durch Sturmangriff zum Eroberer, sondern durch List, Tücke, Betrug und andere Gaunereien. Und dann müssen wir uns auch zu unserer eigenen Hilflosigkeit bekennen. Wir alle brauchen Hilfe, selbst die Größten unter uns. Und hier kommt die Liebe ins Spiel, Liebe, nicht

Verstand, nicht Vernunft, nicht Intellekt – Liebe verbunden mit Glück. Denn auch Glück spielt eine Rolle in unserem Leben, und Glück widerfährt dem Ruhigen, Sicheren eher als dem Furchtsamen. Furcht ist ein Fluch, genau wie Ehrgeiz. Man darf weder zu großspurig sein noch zu bescheiden. Einfach »bereit«, alles zu nehmen, wie's kommt. Vergiß nicht, *Es* entscheidet, nicht Du, nicht ich, nicht Präsident Carter.

Ich bin aufgestanden, kurz nachdem Du weggegangen bist, und habe ein ordentliches Pensum abgearbeitet. Immer noch nicht geschrieben oder gemalt, aber erledigt, was fällig war. Ich fühle mich wohl. Hoffentlich klingt dieser Brief nicht zu salbadernd. Ich lasse bloß Dampf ab. Und denk ja nicht, daß Du oder ich zu den *Lahmen Wowniks* gehören. Dazu sind wir zu eigennützig, zu egoistisch. Wir sind nur Rohmaterial. Bitte, wein nicht mehr. Und hab keine Angst, daß Dein Aussehen darunter leiden könnte. Du wirst immer schön und verführerisch sein, bei Regen wie bei Sonnenschein.

Ich frage mich die ganze Zeit, ob Deine Klimaanlage wohl schon installiert ist. Das brachte mich auf einen ganz irren Gedanken. Du erinnerst Dich vielleicht, daß der gute, alte Benjamin Franklin als Fürsprecher (damals schon) der Freikörperkultur hervortrat. Allerdings nur im Schutze der eigenen vier Wände, *naturellement*. Nachdem ich an dem Abend von Dir weg bin, meinte ich mich an den Standort eines hohen Spiegels zu erinnern – wahrscheinlich in Deinem Schlafzimmer. Und ich überlegte mir, ob Du die wollüstige Angewohnheit hast, splitternackt herumzulaufen, vielleicht ab und zu vor dem Spiegel innezuhalten, Dich zu bewundern und dabei Deine Titten und Deine verschwiegene kleine Muschi zu streicheln. Ich konnte mir das ganz lebhaft vorstellen. Bestimmt hast Du das schon oft gemacht. Und im *hot tub* genauso. Wie könntest Du auch anders? Der Versuchung ist nicht zu widerstehen. Wie Oscar Wilde einmal gesagt hat: »Versuchungen, die man bezwingen kann, sind keine.«

Genug. Da Du nach Lesestoff fragst, nehme ich an, Du hast

*Die Entzauberten* von Loti drangegeben. Hoffentlich nicht. Ich hoffe, Du hast es nur für eine Weile beiseite gelegt.
Schau Dir zuerst das Kapitel über Anaïs im *Koloß* an. Achte auch da auf Entsprechungen und Ähnlichkeiten zwischen Dir, der Corelli und ihr. Und wenn Du nichts Besseres zu tun hast, lies diesen Brief *rückwärts.* Ich habe Dich sehr lieb. Umarmen werde ich Dich am Donnerstag.

*Henry*

*

*Es begann zu regnen, als wir eines Abends auf dem Weg zum Imperial Gardens, wo wir essen wollten, den Sunset Boulevard entlangfuhren. Obwohl wir uns schon eine ganze Weile auf unseren gemeinsamen Abend gefreut und allerhand Themen auf Lager hatten, die wir bei Saschimi und heißem Sake diskutieren wollten, fragte ich Henry, ob er umkehren wolle. Ich fuhr ausgesprochen ungern bei Regen, und Henry hatte große Angst davor, sich zu erkälten und womöglich eine Lungenentzündung zu bekommen. Aber Henry meinte, er habe einen »Bärenhunger« und bei ihm zu Hause gäbe es so gut wie nichts zu essen. Also fuhren wir weiter. Den ganzen Weg über ermahnte er mich, in den Kurven langsamer zu fahren. Schließlich sank der Tacho auf unter vierzig Stundenkilometer, und der Porsche fing an aufzumucken.*
*Das Restaurant liegt auf einer steilen Anhöhe mit Blick über Hollywood. Der beste Parkplatz, den ich entdecken konnte, befand sich nicht weit vom Hintereingang, aber auf einem ziemlichen Buckel. Henry warf einen Blick auf die Pfützen, durch die wir hätten waten müssen, und erklärte mir, ausgeschlossen, das schaffe er nicht. Er hatte nur seine dünnen, weißen Slipper an den Füßen. Ich bat ihn, im Wagen zu bleiben, und ging ins Restaurant, um Lyle, den Besitzer, zu bitten, Henry hereinzutragen.*
*Ein paar Minuten später war ich zurück. »Henry, Lyle ist nicht da. Ich werde dich tragen, okay?«*

*Henry war nervös, hatte aber Vertrauen zu mir. »Wenn du meinst, daß du das schaffst ...«*

*Ich ging um den Wagen herum zur Beifahrerseite. Als er die Arme um mich legte, sah ich im Geiste die Schlagzeilen in den Morgenzeitungen: SCHAUSPIELERIN LÄSST HENRY MILLER FALLEN! Das wirkte Wunder.*

*Ich hob Henry hoch und machte mich daran, den holprigen Parkplatz zu überqueren. Und in dem Moment fiel mir ein, daß ich hochhackige Schuhe trug! Zum Umkehren war es zu spät. Bei jedem Schritt tastete ich nach Rissen im Pflaster.*

*Auf halbem Wege rutschte Henrys rechtes Bein von meinem Arm. Henry fragte mich, ob mit mir alles in Ordnung sei. Ich sagte: »Na klar. Denk nur an dein Gewichtheben und halt dich gut fest.« Allmählich kam es mir vor, als sei Henry mindestens eine Tonne schwer. Er klammerte sich so fest an mich, daß ich fast erstickt wäre, aber ich durfte nicht aufgeben. Ich bekam sein Bein wieder zu fassen und schleppte mich weiter. Die Tür kam näher. Jemand machte auf, und wir waren in Sicherheit!*

*Den Rest des Abends versüßten wir uns mit Lachen und jeder Menge Sake. Henry ergötzte mich mit Anekdoten über die waghalsigen Abenteuer seines Helden Blaise Cendrars – zum Beispiel war er einmal quer durch die Sahara gefahren, nachdem man ihm gerade den Arm abgehauen hatte!*

*Ich glaube, keiner von uns beiden hat sich je so amüsiert wie an diesem Abend.*

*

26/2/77

*Liebe, liebe Brenda,*

was bist Du doch für eine Frau! Fährst die ganze Strecke bis hierher, um Briefe in meinen Kasten zu werfen, machst aber keinen Versuch, mich zu sehen (oder doch?). Ja, es besteht eine gewisse Ähnlichkeit zwischen Dir und der Filipowna – nur ist es mit ihr ganz etwas anderes. Weißt Du, ich glaube, die Russen sind rätselhaft, vielleicht, weil sie aus Asien stammen, wo alles geheimnisumwittert ist. Man sagt, die russische Sprache sei ganz wunderbar – gewissermaßen das Dekor des landschaftlichen Hintergrunds – die Steppen zum Beispiel – sehr ausgeprägt – sehr wirkungsvoll, belebt alles, was sie tun.

Schon immer haben mich Frauen beschäftigt und fasziniert, die sich in wesentlich ältere Männer verlieben. Mir fällt auf, daß sie in der Regel sehr interessante Gesellschafterinnen sind, riskant leben (nicht *risqué*) etc., etc. Aber Dostojewskis Nastasja ist eine außergewöhnliche Frau, sei sie nun Russin oder Chinesin oder Araberin. Einzigartig. In gewissem Sinne war meine Ex-Frau so, Mona aus den *Wendekreisen*. (Sie hatte rumänisches, jüdisches und Zigeunerblut. Ihr Blut war von großer Bedeutung. Beeinflußte alles, was sie tat.) Natürlich war sie auch Schauspielerin – sowohl auf der Bühne wie im Leben. Und irgendwie fesselt mich die Schauspielerin in einer Frau immer wieder. (Wahrscheinlich habe ich eine Schwäche für multiple Persönlichkeiten.) Und eigentlich mag ich auch einen Hauch des Bösen (bei Männern wie bei Frauen.) Neulich abend, bei Tisch, hat Tony gesagt, in meinem Leben hätte es eine stattliche Anzahl von Frauen gegeben, mit denen Sex nicht nötig gewesen sei. Fast all diese Frauen, so erinnere ich mich jetzt, waren hochinteressante Rednerinnen und Charaktere.

Warum ich Dir das alles erzähle? Erstmal, leider, leider, um mich von den Schmerzen in meinem Fuß abzulenken – sind ziemlich übel heute abend, obgleich der Fuß schon viel besser aussieht.

**henry miller** 444 **ocampo** drive -- **pacific palisades** california 90272

Dear, dear Brenda - 2/26/77

What a woman you are! Come all the way here to drop letters in my mail box but don't make any effort to see me. (or did you?)

Yes, there is some resemblance between you and the Filipoona woman - only she is thoroly Russian and you are thoroly something else. You know, I do believe the Russians are enigmatic, perhaps because they are of Asia where every thing is mysterious. People say that the Russian tongue is a very wonderful one - certainly the décor or physical background - the steppes - very for one thing - very marked, very powerful influence, colors all they do.

I have always been interested and intrigued by women who fall in love with men much older than themselves - I notice, for one thing, that they are usually very in- ~~teresting~~ conversationalists, lead risky (not risqué) lives, etc. etc.

P.S. I could write loads more. And I will. Keep with me! I have infinite patience and at the same time am one of the most impatient of men. Do I really seem like Orpheus in Brooklyn?

HENRY, NOW AND THEN I MAY BE OBLIGED TO SLEEP IN MY CAR BUT WHEN I NEED TO TAKE A SHIT I GO TO THE BEVERLY HILLS HOTEL
*(Florian Steiner)*

*»MOTTO« VON HENRY MILLERS BRIEFPAPIER*
»Henry, ab und an mag ich gezwungen sein, in meinem Auto zu übernachten. Aber zum Scheißen geh ich ins Beverly Hills Hotel. *(Florian Steiner)*

But Nastasya (not Natasha) is an extraordinary female, whether Russian or Chinese or Arabian. Unique. In a way so was my ex-wife Mona of the Tropics. (She had Gypsy, Roumanian and Jewish blood. Her blood counted heavily. Gave a tone to all her actions.) Of course she was also an actress — both on and off stage. And somehow the actress in a woman always gets me. (I suppose I like multiple personalities.) And I usually like a touch of evil (whether in man or woman!) — the other night, at dinner table, I think I was remarking that there were a goodly number of women in my life with whom sex was not necessary. Nearly all these women, I recollect now, were highly interesting talkers and characters.

Why am I telling you all this? First off, sorry to say, to get my mind off the pain in my foot — rather bad tonight tho' it continues to improve in looks. Strange, I have ailments of one sort or another, but my general health is good. Every day now I feel a little stronger, but when it comes to walking I am a mess still. And I feel humiliated hanging like a cripple on the arm of a beautiful woman — especially in a large restaurant where all eyes are on us.

How are your beautiful eyes now? Don't read over prolonged periods. A bit at a time. I'll stop now with a very warm squeeze. You're such a contradiction — angel with sex.
Henry

Komisch, ich habe alle möglichen Wehwehchen, aber mein allgemeiner Gesundheitszustand ist zufriedenstellend. Ich fühle mich jetzt von Tag zu Tag ein wenig kräftiger, nur wenn's ans Laufen geht, bin ich immer noch das reinste Wrack. Und es geniert mich, wie ein Krüppel am Arm einer schönen Frau zu hängen – besonders in einem großen Restaurant, wo aller Augen auf uns gerichtet sind. Wie geht es Deinen schönen Augen jetzt? Lies nicht zu lange am Stück. Immer nur ein bißchen, und dann Pause. Ich schließe mit einer sehr herzlichen Umarmung. Du bist so widersprüchlich – Engel mit Sex.

*Henry*

P. S. Ich könnte noch jede Menge schreiben. Und das werde ich auch. Übe Nachsicht mit mir! Ich habe unendlich viel Geduld, bin aber gleichzeitig einer der ungeduldigsten Menschen unter der Sonne. Wirke ich tatsächlich wie Orpheus in Brooklyn?

*12/3/77*

*Liebe Brenda*,

ich scheine in einer Flaute zu stecken. Wie geht es Dir? Ich glaube, es gibt Regen – das spüre ich in den Knochen. Nun, ich habe mein Kapitel über Joe Gray zu Ende gebracht – es war sehr einfach. (Vielleicht habe ich Dir das schon letztens geschrieben.)

Heute bekam ich eine Karte vom Gotham Book Mart mit der Ankündigung, *Das unbändige Glück* von Jean Giono sei an Dich unterwegs.

Sie teilten mir mit, welche der von mir gewünschten Titel lieferbar seien, und daraufhin bestellte ich die folgenden für Dich:

1. *Sämtliche Dramen von Synge* (worin Du den *Helden der westlichen Welt* finden wirst)
2. *Victoria* von Knut Hamsun
3. *Tote Seelen* von Gogol.

Du wirst also Ablenkung haben, wenn Dir die Zeit lang wird. Ich bekam Post von Anaïs' Mann, Rupert Pole; schreibt, daß er mich besuchen will – hätte gute Nachrichten. Ich schrieb zurück, er solle heute nachmittag oder Sonntagnachmittag kommen – konnte ihn telefonisch nicht erreichen. Ich bin neugierig, was er mir zu sagen hat.
Und dann rief Lisa an und erzählte, sie könne wahrscheinlich einen Zuschuß für einen Dokumentarfilm über mich bekommen. Ich erklärte ihr, daß ich zwar nicht sonderlich scharf drauf sei, aber ihr zu Gefallen würde ich mitmachen.
Und dann bekam ich noch ein Magazin *(Die verlorene Generation)*, das fast ausschließlich mir gewidmet ist, aber der Herausgeber und seine Assistentin treiben Schindluder mit mir. Ich hätte »nie etwas Denkwürdiges geschrieben«, behauptet er. Sie schreibt so eine reißerische Kolumne über mich, weitgehend negativ. Man muß sich fragen, warum sie sich überhaupt die Mühe gemacht haben, diese Nummer rauszubringen.
So geht's im Leben. Alles dreht sich um den verdammten Kies!
Was bin ich doch für ein geschwätziger Esel! Verzeih, aber ich weiß, Du bist gern auf dem laufenden.

*Henry*

25/3/77

*Liebe, liebe Brenda,*

welche Freude, heute morgen mit Dir zu sprechen! Ich hatte gerade einen Stapel Post auf den Schreibtisch gelegt – eine irre Menge diesmal. Dann fand ich Deinen Brief, und gleich ging's mir besser. Inzwischen habe ich beantwortet, was mir nötig erschien, und der Rest liegt im Papierkorb. Ich hatte Deinen Brief bitter nötig – ich fing schon an zu denken, Du hättest mich abserviert.

Ich habe Dir immer soviel zu erzählen, bringe aber stets nur einen Teil davon in meinen Briefen unter. Und neuerdings, fürchte ich, bin ich arg redselig geworden. Ich liebe Dich immerfort mehr und mehr. Du bist so stark, so gefestigt, so selbstsicher! Heute hast Du mir das größte Kompliment gemacht, das ein Mann sich erhoffen darf. Wenn ich dieser »richtige Mann« bin, dann bist Du ganz bestimmt diese »richtige Frau«.

(Übrigens, das mit dem in die Tasse Pinkeln ist toll. Aber warum nicht? Bloß: Ist eine Tasse nicht ziemlich klein für das, was Deine Blase faßt?)

Ohne mit Dir intim geworden zu sein, »erahne« ich gewissermaßen Deinen Körper. Im Halbschlaf erforsche ich ihn Zentimeter für Zentimeter, und jedes Mal lande ich auf dem Hügel der Venus (oder sollte ich sagen in der »Höhle« der Venus, denn ich bin sogar schon drinnen herumgestreift – und habe mich natürlich verirrt, nicht wegen ihrer ungewöhnlichen Größe, sondern wegen ihrer labyrinthischen Pracht). Habe ich mich klar ausgedrückt? Ich sagte, »ich« habe mich verirrt, nicht mein Schwanz. Der hat vorläufig noch nicht das Recht, dort einzudringen. Und selbst, wenn er es nie bekommt, spielt das kaum eine Rolle. Was mich interessiert, ist die *Frau*. Ich sage nicht, daß ihre Möse mir einerlei ist – sie ist lediglich sekundär. Dein Gesicht zu sehen, Deine strahlenden Augen, einen Schimmer nackten Fleisches – (Titten oder Schenkel), das ist einstweilen genug. Wie ich schon sagte, ich glaube, daß

Du in Wirklichkeit keusch bist, trotz all der aufreizenden Sex-Staffage, hinter der Du Dich verbirgst. Aber egal ob keusch oder lüstern, ich liebe Dich unsäglich. Immer wenn Du gehst, kriege ich eine Erektion – verspätete Reaktion. Sei gut zu Dir. Wir gehen bald wieder mal ins Imperial Gardens.
P. S. Ich könnte noch mehr schreiben, aber mein Auge streikt. *Je t'embrasse tendrement.*

*HM*

*23/4/77*
*Am selben Tag – etwas später*

*Liebste Brenda,*

Du hast heute *wundervoll* ausgesehen – strahlend, erotisch, sinnlich. Und Du sollst gleich erfahren, daß Dein Bruder mir sehr sympathisch ist. Ich würde sagen, er ist ein ganzer Mann. Und sein Akzent ist bezaubernd. Ich habe jeden Augenblick unserer Unterhaltung genossen. (Jetzt kann ich mir vorstellen, wie Joe, Dein Vater, gewesen ist!)
Wieder einmal habe ich vergessen, Dir das Omarr-Buch zu geben. Montag schicke ich Dir den neuen Titel von Capra Press – *Four Visions of America.* Mir gefällt nur meine eigene Vision. Aber urteile selbst!
Ich muß jetzt schließen. Meine Sehkraft ist erschöpft. Vom zu vielen Lesen.
Dein Dich liebender Dreijähriger!

*Henry*

*

*Zu dieser Zeit war ich oft unterwegs; entweder führte ich im Geschäft meiner Familie in Mississippi Kleider vor, oder ich machte Außenaufnahmen für einen Film. Ich schrieb Henry regelmäßig, aber wenn wir an entlegenen Orten drehten, konnte sich die Zustellung eines Briefes schon erheblich verzögern. Wenn zwei oder drei Tage vergingen, ohne daß er von mir hörte, wurde Henry jedesmal unruhig.*

*

*20.45 Uhr, Samstag 17/5/77*

*Liebe Brenda,*

wie herrlich, wieder Deine Stimme zu hören! Es kommt mir vor, als seiest Du sehr lange fort gewesen. Vorhin im Bett habe ich versucht, mir vorzustellen, wie wir im Imperial Gardens sitzen, aber mit »wir« meine ich Dich, Lisa Lu, Hoki und mich. Ich glaube nicht, daß ich es durchstehen würde. Wenn es darum geht, einer Frau zu sagen, daß man sie nicht mehr liebt, bin ich ein großer Feigling. Ich will ihr nicht weh tun und begreife überhaupt nicht, daß ich ihr nur noch mehr Schmerz und Leid zufüge, wenn ich ihr nicht alles sage.
Anaïs Nin und ich sprachen oft über dieses Problem. Anaïs konnte lügen wie gedruckt – aber stets nur, um jemanden zu schonen, nie um jemandem weh zu tun oder um ihn zu bestrafen.
Meines Erachtens legen die Amerikaner mehr Wert darauf als andere Völker, daß man die Wahrheit sagt, die ganze Wahrheit und nichts als die Wahrheit. Ältere Menschen sind nicht so gewissenhaft und anspruchsvoll. Denn die Wahrheit, ebenso wie die Lüge, kann furchtbar weh tun. Ich denke, worauf es ankommt, das ist Intuition; man muß wissen, wann man zu reden und wann man den Mund zu halten hat, stimmt's?
Ich kann nicht leugnen, daß ich so etwas wie freudige Erre-

gung empfand – oder sollte ich sagen »Bestätigung«? – als Hokis Freundin mir erzählte, wie oft und wie wunderbar Hoki von mir spricht. Ich war »leichte Beute«, das stimmt. Andererseits fällt es mir sehr schwer, eine Forderung abzulehnen. Bestimmt rührt das daher, daß ich den größten Teil meines Lebens bettelarm war. Ich habe so oft ein Nein zu hören bekommen, nebst tausend verschiedenen Ausflüchten, daß es in meinen Ohren wie ein Trauermarsch klingt. Immer waren die Leute, die mich abblitzen ließen, die sogenannten »anständigen«. (Die schlimmste Sorte!)

Und dann waren da noch die Humorlosen! (Wie Jesus und Konfuzius.) Gott bewahre mich vor denen! Ich kann einen Schuft ertragen, wenn er nur Sinn für Humor hat.

Wie bin ich bloß auf all das gekommen? Irgendwas muß mich drauf gebracht haben, ohne daß ich's bemerkt hätte. Vielleicht die Ehrerbietung, mit der Hoki Deine Geschenke begutachtete.

Heute erhielt ich ein Freiexemplar vom *Book of Lists*. Wirklich faszinierend – nicht langweilig, wie ich es mir vorgestellt hätte. Enthalten ist meine Liste der zehn größten Schriftsteller, mit einem Foto von Marie Corelli, ob Du's glaubst oder nicht. Mein zehnter Autor war Isaac Bashevis Singer!

Ich ackere mich langsam durch das Buch über Jean Giono. Darin erwähnt er mehrmals: »*Que moi joie démure*!« Ich hoffe, daß ich bald einmal *Das Lied der Welt* für Dich auftreiben kann. Meines Erachtens ein kosmisches Vergnügen. Ich weiß nicht, ob es Dir aufgefallen ist, aber die Protagonisten in Gionos Büchern sind größtenteils Bauern und Bäuerinnen – fast vollkommene Individuen. Giono selbst hat sich kaum um die Gesellschaft gekümmert. Ich verehre ihn noch immer. Genug für heute. Nächste Woche kommen wir leibhaftig zusammen. Hallelujah!

Dein treuer Amour
*Henri*

*

*Henry war fasziniert vom Sex und hatte reichhaltiges anekdotisches Material darüber zusammengetragen. Er hielt Sex für eine der höchsten Formen geistigen und künstlerischen Ausdrucks aller Zeiten. Er wollte mich in den großen Sexualphilosophien der Welt unterweisen – er gab mir exotische Karten aus Japan und Bücher über Jogastellungen im Tantrismus, der, so behauptete er, den Gipfel sexueller Vereinigung zweier Menschen darstelle. Er stöberte ein Buch über erotische Spiritualität für mich auf:* The Vision of Konarak. *Konarak ist einer der größten indischen Tempel, berühmt wegen seiner erotischen Skulpturen.*
*Es gelang mir nie ganz, die zwei Seiten Henrys, die ich kannte, in Einklang zu bringen – den scheuen, einfachen, freundlichen Mann, der mich durch Bücher, Kunst und Dichtung behutsam in die Ästhetik der Liebeskunst einführte, und den anderen Henry, der so stolz war auf die Freizügigkeit, und sei sie noch so brutal, in seinen zahlreichen Abhandlungen über Sex.*

*

*Samstag – kurz vor Mitternacht*

*Darling, Geliebte,*

kann unmöglich schlafen, trotz Tabletten, viele Höhen & Tiefen. Du gehst mir nicht aus dem Kopf.
Hatte heute ein wunderbares Interview mit Kazuko, Anaïs' japanischer Freundin. Es ging wie geschmiert – als ob wir ein Herz und eine Seele wären . . .
Dieser Tage bekam ich per Post ein Buch über Erotik in Japan – jede Menge Fotos von allen erdenklichen geilen, obszönen Positionen. Alles Nachstellungen japanischer Originale aus früheren Jahrhunderten, aus ihrem »Zeitalter der Unschuld«, als sie weder Sünde *noch* Schuldgefühl kannten. Das Ironische daran ist, daß heute selbst der kleinste Hinweis auf Sex dort strenger zensiert wird als in jedem

anderen Land der Erde. Das ist *unser* Beitrag zur japanischen Kultur.
Im Verlaufe des Interviews wärmten wir das Thema der Mann-Frau-Beziehung im heutigen Japan wieder auf. Anscheinend herrscht in Japan immer noch das Matriarchat. Frau erlaubt Mann, die Rolle des Macho zu spielen, aber in Wirklichkeit führt *sie* das Regiment. Setzt immer ihren Willen durch. Tut jedoch nach außen hin unterwürfig und gehorsam. Wie klug von ihr, wie weise. Die westliche Frau *kämpft* immer um ihre Rechte, greift den Mann frontal an, wie die sprichwörtlichen Ziegen auf dem Steg.
Aber hör Dir das an – auf die Frage, warum Frauen während des Verkehrs in ihrem Mienenspiel keinerlei Leidenschaft ausdrücken, sagt sie: »Das wäre geschmacklos.« Also sieht man sie in höchst obszönen (und erregenden) Stellungen, ohne daß sie ein Gefühl verraten. Augen wie Schlitze, Münder wie Knopflöcher. Aber die Haut ungemein weich und zart. Und ihre empfindsamste Stelle ist nicht die Klitoris, sondern der Nacken!
Bekam eben einen Brief von Durrell. Ist viel glücklicher, seit er ganz allein lebt. Hat kochen gelernt und den Haushalt besorgen *und* hat Spaß daran. Niemand zum Streiten oder Anbrüllen. Meint, er hätte eine lebenslange Hürde überwunden – die, dauernd eine Frau um sich zu brauchen!
Aber, mein Liebling, nun schwatze ich schon wieder drauflos. Dabei wollte ich Dich doch nur wissen lassen, wie sehr Du mir fehlst. Der Gedanke an Dich fesselt mich den ganzen Tag – die ganze Nacht. Übrigens hat Durrell Dein Foto in *People* gesehen – fand Dich einfach hinreißend. Hat mir eingeschärft, ich solle gut auf Dich achtgeben. (Glaubst Du immer noch, daß ich das tue?) Es muß Dir zum Hals raushängen, immer wieder zu hören, wie hinreißend und wunderbar Du bist.
Ach ja, Brief von Irv Stettner. Hat echtes Lexikon aufgetrieben, daß die Bedeutung indianischer Stammesnamen erklärt. Hier sind ein paar: Biloxi – »erste Menschen«. Pascagoula –

»Brotmenschen«. Tallahassee – »alter Freund oder alte Stadt«. Pensacola – »Behaartes Volk«. Interessant, nicht wahr? Besonders Biloxi. Kein Wunder, daß Ort und Name mir so gut gefallen. (Wo meine Geliebte beinahe den Schleier genommen hätte!)

Ich habe Vorwort für Buch über Gurdjieff fertig, und wenn wir uns nächstesmal sehen, werde ich Dir mein Exemplar *leihen*. Es ist voll mit Anmerkungen, und ich möchte es gern behalten. Wenn Dir das Buch so gut gefällt wie mir, werde ich Dir ein Exemplar der Neuausgabe schenken, die im Januar rauskommt. Darin kannst Du dann selber Anmerkungen machen, soviel Du willst. Ich verspreche Dir einen Hochgenuß!

Und noch immer habe ich Dir nicht gesagt, wie ich mich nach Dir sehne, Dich vergöttere ... Alle versichern mir, ich sähe immer besser aus. Und ich sage: »Das ist nur wegen Brenda.« Muß jetzt aufhören. Auge versagt. Denke, ich kann jetzt schlafen und träumen. Ich träume jetzt lebhafter als je zuvor im Leben. Verdanke ich Dir. Nur in meinen Träumen kann ich Dich wirklich erobern!

*Henry*

*Samstagabend – 29ster*

*Liebe Brenda*,

eine kleine Fortsetzung zum Geisha-Thema – laut meiner Freundin Veno lechzt die Geisha in Wahrheit nach Liebe. Ihre Aufgabe ist es, Männer zu unterhalten, und dafür wird sie sehr, sehr gut bezahlt. Tatsächlich können nur Politiker und vermögende Leute sich den Besuch in einem Geisha-Haus leisten.

Verständlicherweise langweilt ihre Arbeit sie, obgleich sie sich das niemals anmerken läßt. Sie hat ihr Leben satt und sehnt sich nach der Zuneigung eines Mannes, der ihr ernsthaft

den Hof macht. Und so liebt sie denn nur, ohne verliebt zu sein, wenngleich sie manchmal hübsche Geschenke von denen annimmt, die es sich leisten können.
Wie interessant, daß eben die Frauen, die so erregend auf Männer wirken, eigentlich nach Liebe suchen. (Prostituierte sind den Geishas natürlich in dieser Hinsicht sehr ähnlich. Sie *arbeiten* für den Zuhälter, weil das Mädchen glaubt, er liebe sie wirklich – und außerdem beschützt er sie.)
Heute scheint alle Welt wild auf Sex, aber die Liebe hat man vergessen. Und doch regiert die Liebe die Welt, und auch jene, die soviel Sex kriegen können, wie sie nur wollen, geben der Liebe den Vorzug.
Heißt das, die *Schauspielerin* beansprucht persönlichere Beziehungen? Sehnt sich nach *persönlicher* Zuwendung? Ich nehme an, daß es so ist. Was denkest Du, o meine Schöne? Von Deinem romantischen

*Henry*

*18 Uhr 10, Sonntag*

*Geliebte Brenda,*

den größten Teil dieses mörderischen Tages habe ich im Pyjama auf dem Bett gelegen; in dem Gefühl, noch nie eine solche Gluthitze erlebt zu haben.
Die widersprüchlichsten Gedanken beschäftigen mich – von hochgradig geistigen bis hin zu welchen, die abgrundtief sexy waren. Es fing damit an, daß mir eine Bemerkung einfiel, die Du eines Abends im Imperial Gardens gemacht hast. Irgendwas in dem Sinne, daß die »Ursache« für Sex Hitze sei – deshalb seien die Südstaatler große Sex-Künstler oder Sex-Monomanen. Ja, und das brachte mich auf die heißen asiatischen Länder, besonders Indien, wo Sex und Religion eng verknüpft sind. Das wiederum brachte mich auf die Täuschung, die meinem tauben Freund bei seiner Rückkehr nach

Indien widerfuhr, wo er entdeckte, daß sein Baboji nicht der Heilige war, für den er ihn gehalten hatte. Und ich dachte an den Heiligen Augustinus und an den Heiligen Antonius und andere, wie sie vom Fleisch gepeinigt wurden, aber das Böse daran besiegten. Wie konfus, und zwar durch und durch, unsere Welt doch ist. Und wahrscheinlich ist das nie anders gewesen.

Wahrscheinlich wird man mich in dieser Sequenz unterbrechen, hoffe aber, nach dem Abendessen weiterzuschreiben – falls die Hitze es zuläßt.

Sex und Liebe – das ewige Problem. Und es gibt keine Lösung. Wenigstens nach meiner Ansicht nicht. Wenn man den Sex besiegt, wie manche der gemarterten Heiligen es taten, verkommt man. Wenn man bloß liebt (ohne Sex), lebt man in dauernder Qual. Die Phantasie hört nie auf, sich zu regen, uns Teufel und Kuppler, Huris und unwahrscheinlich tolle Bilder vorzugaukeln. Die Phantasie ist entschieden unmoralisch, manchmal sogar wahnsinnig.

(UNTERBRECHUNG)

Falscher Alarm! Kein Mensch in der Küche. Viva ist wohl noch nicht da.

Der Zauber ist gebrochen. Aber ich will fortfahren, da ich wirklich sehr interessante Gedanken vorzubringen hatte.

Empfand schon den ganzen Tag besonders »liebevoll« für Dich. Liebevoll, aber im Bewußtsein des Fleischlichen. Es war, als seiest Du von den Toten auferstanden. Auch davon habe ich in den letzten 48 Stunden eine Vision gehabt.

Einmal, als ich ans Telefon ging, war Lisa Lu dran. Wollte wissen, wie es mir geht. Ich habe sie nie mehr angerufen oder ihr geschrieben, seit ich Dich kenne. Ich gab ganz offen zu, daß ich nicht wisse, wie ich mein Verhalten erklären solle. »Es war Liebe auf den ersten Blick«, sagte ich, worauf sie entgegnete: »Du hast wirklich Glück. So was passiert einem nicht

sehr oft.« Sie sagte, sie sei dankbar für die gemeinsame Zeit mit mir und würde mich immer lieben.
Es endete in sanftem Tenor, wobei sie mich um mein Glück beneidete.
Ja, ich und der Heilige Augustinus. Seltsame Verwandtschaft für einen sogenannten Atheisten wie mich. Aber ich labte mich mit Begeisterung an jedem seiner Worte. (Hoffe, Du kommst bald einmal dazu, den *Stroker* zu lesen.) Ist keine leichte Rodelpartie. Ein paar holprige, bucklige Stellen, wo man innehalten und nachdenken muß. Aber was mich so sehr beeindruckt, das ist das Bedürfnis nach einem neuen *Gottesstaat*. Denn unsere Welt geht rasch zugrunde. Auf dem Schlitten. In rasender Fahrt. Und ich stelle mir gern vor, kurz bevor sie stirbt, wären da wir beide, strahlendes Beispiel der Liebe. Ich sage nicht, der reinen LIEBE. Mit einem großen L und einem kleinen e-.
Jetzt muß ich wieder unterbrechen und nachsehen. Meine Augen brennen.
Werde wohl morgen weiterschreiben . . .

*

*Wir gingen zum Essen zu Sydney Omarr. Als er mir vorgestellt wurde, rief Sydney aus: »Was für eine verblüffende Ähnlichkeit mit Anaïs Nin.«*
*Henry sagte: »Findest Du? Ich meine, sie sieht eher aus wie June oder Ava [Ava Gardner], aber Du hast wohl recht. Ähnlichkeiten sind eindeutig vorhanden.«*
*Das Essen war ausgezeichnet, der Champagner vorzüglich. Henry und Sydney sprachen viel über alte Zeiten. Ich fand Sydney einfach wunderbar. Er machte ein paar Bemerkungen zur astrologischen Begründung dessen, was Henry und mich zusammengebracht habe, aber ich verstand von Astrologie einfach nicht soviel wie Henry.*
*Als wir nach unserem Besuch bei Sydney zum Aufzug gingen, platzte*

*Henry raus: »Weißt du was, Sydney ist in dich verliebt!« Ich versicherte ihm, das sei lächerlich. Wir hätten uns doch eben erst kennengelernt.*
*Aber Henry blieb hartnäckig. »Ich hab gesehen, wie er dich während des Essens dauernd angestarrt hat.«*
*Ich glaube, der Champagner war mitschuldig an dieser plötzlichen Eifersuchtsanwandlung, denn in Wirklichkeit hatte Sydney eine bildhübsche Freundin, in die er sehr verliebt war. Doch dieser Anfall von Eifersucht und Besitzgier war nur der erste in einer langen Kette. Ich spürte, daß mit seiner Liebe auch seine Eifersucht wuchs. Manchmal war er in diesem Zustand lustig und charmant, zu anderen Zeiten fiel es mir schwer, ihn zu verstehen.*

*

*25/3/77*

*Geliebte Brenda,*

ich wiederhole: »Du warst wundervoll neulich abend.« Ich habe gemerkt, daß Omarr sich gleich zu Dir hingezogen fühlte – und sogar Madame Halsey, die ein bißchen gehässig hätte sein können. Du strahlst immer, hast stets gute Laune und eine volle Blase (wie der Prinz von Wales läßt auch Du keine Gelegenheit zum Schiffen aus).
Heute habe ich ein weiteres Manuskript für *Freunde*, Bd. II, abgeschlossen – über meinen Schwager (Lilik Schatz) aus Jerusalem. Er entspricht fast dem perfekten, vielseitigen Mann. Gleich Dir ist er immer selbstbewußt, optimistisch, fröhlich. Großartiges Talent.
Ich habe nicht mitbekommen, was Omarr mir über die Ehe erzählte. Meinte er, ich solle es nochmal damit versuchen, oder was? Ich erinnere mich, daß Du gesagt hast: »Aber er ist doch noch verheiratet!« Das scheint Dich zu wurmen. Nun, keiner kann behaupten, daß ich's mit der Ehe nicht versucht hätte!

Nun zum nicht »angetörnt werden«. Ich muß sagen, neulich abend sahst Du entschieden angetörnt aus. Am nächsten Morgen ist was Komisches passiert – ich kriegte Schmerzen im Handgelenk, die anderthalb Tage lang anhielten. Ich führe das auf den kräftigen Händedruck von Bombay Bob zurück. Übrigens solltest Du Sydneys Anekdötchen nicht ohne Vorbehalt nehmen. Ihm macht es anscheinend Spaß, den Leuten zu erzählen, wie ich ihm die Mädchen ausspanne. (Ist alles Einbildung.) Was Gloria Swanson angeht, die würde ich noch nicht mal mit einem Dreimeterpfosten ficken, wie's so schön heißt.

Die andere (in Carmel – die Schauspielerin Kim Novak) ist ein Pferd bzw. eine Stute von anderem Kaliber. Weißt Du, daß sie gute Gedichte schreibt, sehr gut reitet und religiös ist – eine wirklich ernsthafte Frau, die zufällig lüsterne Gefühle bei den Männern weckt. Aber ich halte sie keineswegs für sexbesessen. Sie sucht nach *Liebe*.

Du hast Dich also wieder total in mich verliebt! Mann, das zu hören, hat gut getan und kam höchst unerwartet. Ich hätte dich gern noch dabehalten, aber ich wußte, daß Du früh raus mußt. Weißt Du, Du magst ja sexy sein (im Kopf), aber Du bist auch keusch, auf Deine Art.

Merkwürdig, daß Omarr mich am Telefon gefragt hat: »Ist sie nicht Schriftstellerin?« Du wirst vielleicht eine, falls Du's nicht schon bist. Sagen wir einstweilen, Du bist eine embryonische Schriftstellerin mit erogener Erfahrung. Wie klingt das?

So, jetzt werde ich Dich alleinlassen. Hoffentlich geht alles gut voran, und Du fühlst Dich bald wieder »angetörnt«. Ohne das kann das Leben ziemlich langweilig sein.

*Ich liebe Dich, süße Brenda.*

*21 Uhr 15, 2/5/77*

*Liebe Brenda,*

scheine aus irgendeinem unerfindlichen Grund energiegeladen – also leiste ich Dir wieder ein Weilchen Gesellschaft. An dem Abend neulich warst Du schöner denn je. Du *siehst aus* wie ein Star, auch wenn Du noch keiner bist. Vielleicht steht gerade das Dir im Wege. Dein »starhaftes« Aussehen!
Eines schönen Tages küsse ich Dich von Kopf bis Fuß. Du erinnerst Dich doch an den *Blauen Engel* und an das Lied, das sie gesungen hat: »Ich bin von Kopf bis Fuß auf Liebe eingestellt«? Leider verfälscht die englische Übersetzung das Original grauenhaft. Aber um auf den Film zurückzukommen, war Emil Jannings nicht wunderbar – und noch viel wunderbarer in *Der letzte Mann*!
Heute habe ich aus Frankreich zwei Gedichtbände von ich-weiß-nicht-wem bekommen. Einen habe ich auf gut Glück aufgeschlagen und mit großem Vergnügen zu lesen begonnen. Buch heißt: *Die Geschichte von A. O. Barnabooth*, Verfasser ist Valéry Larbaud. Ich vergaß zu erwähnen, daß die Gedichte vorzüglich übersetzt sind. Selbst wenn Du Dir nicht viel aus Gedichten machst, glaube ich doch, daß diese Dir gefallen werden. Nächstes Mal zeige ich Dir das Buch. Hat der Gotham Book Mart Dir übrigens schon die beiden Bücher von dem englischen Autor geschickt, den ich erwähnte? Titel: *I Am Jonathan Scrivner* und *Julian Grant Loses His Way* von Claude Houghton.
Schauspielerst Du im Schlaf oder vögelst Du – oder beides? Möchtest du eine zweite Sarah Bernhardt sein oder eine Rachel oder Eleanora Duse – oder vielleicht einfach nur Du selbst? (Erlasse Dir die Antwort.)
Meine geliebte Brenda, ich denke die ganze Zeit an Dich und zwischendurch auch. Erhalte Dir den Glauben an Dich selbst – der Ruhm wird sich schon einstellen.

All meine Liebe!
*Henry*

*Am selben Tag 2/5/77*

*Liebe Brenda,*

was ich in meinem Brief von vorhin sagen wollte, ist, daß Faulheit (sogenannte) genauso wichtig ist wie Aktivität. Ich habe das Gefühl, Du glaubst, es sei klug oder gesund, jede Stunde des Tages mit einer (nützlichen) Tätigkeit auszufüllen. Da Du nun gezwungenermaßen müßig bist, mach das Beste draus! Mach Deinen Kopf leer, wenn Du kannst. *Spiel* mit Deinen Gedanken, statt sie für etwas Nützliches einzusetzen.

Den Geist zu entleeren ist genauso wichtig, wie ihn zu füllen. Du kannst mir doch folgen, nicht wahr?

Dein
*Henry*

*3/5/77*

*Liebste Brenda,*

Gestern abend schrieb ich Dir von Schlaf und Faulheit. Heute kommt mir zufällig ein Buch von Krishnamurti unter, in dem er sich über Gott und die Welt ausläßt. Ich habe nachgelesen, was er über den Schlaf zu sagen hat. Aber ich stelle fest, daß Krishnamurti einen gravierenden Fehler hat – ihm fehlt der Sinn für Humor. Außerdem redet er zwar viel von Liebe, aber man fragt sich, ob er selbst je in Mann oder Frau verliebt gewesen ist. Wenn man ihn heute liest, wirkt er ungefähr wie ein Konfuzius des 20. Jahrhunderts. Alles ist planmäßig festgelegt. Alles schrecklich logisch. Irgendwie auch despotisch. In erster Linie ist er der große »Lehrer« – und das ist keine beneidenswerte Rolle. Man sollte lehren, ohne zu belehren – meinst Du nicht? Aus einem merkwürdigen Grund bilde ich mir ein, daß mein »Quatsch« mehr wert ist als Krishnamurtis Predigten.

Aber wie geht es Dir? Kannst Du Dich hinsetzen und dies lesen?
Ich denke die ganze Zeit zwischendurch an Dich, Du glaubst nicht, wie sehr. Habe ich Dir erzählt, daß ich mich am Montag im Bad ordentlich auf den Hintern gesetzt habe? Nichts Ernstes, bis auf den Schock! Der Sitz in meinem Stuhl war locker, verstehst Du, und als ich mich reinsetzen wollte, landete ich auf dem Fußboden. Mein Steißbein ist immer noch ein bißchen wund. Aber dafür hatte ich 36 Stunden lang keine Schmerzen im Fuß. Jetzt tut er wieder weh. Ich denke, der unerwartete Sturz muß die Fußschmerzen eine Weile verscheucht haben. Ich habe nach dem Sturz so tief geschlafen – einfach herrlich.
Und Du? Hast Du zur Zeit anregende Träume? Heute abend beim Essen hat Tony mich nach den Juden und den Chinesen gefragt. Sind sich in Vielem sehr ähnlich. Vermutlich die ältesten und stärksten Völker dieser Erde. (Klinge ich ein bißchen wie Krishnamurti?)
Du wirst mir mit jedem Tag lieber. Da Du nicht hier bist, beschäftige ich mich in Gedanken mit Deinem Körper – sexuell, meine ich. Er ist so prächtig, so seidig und fühlt sich so wunderbar an.
Ich glaube, ich bin mit *Freunde*, Bd. II., fertig, obwohl der Verleger mich vielleicht bitten wird, noch ein bißchen was dazuzuschreiben. Das letzte Kapitel über »Meinen besten Freund, das Fahrrad« handelt von den Qualen der ersten Liebe. Gott sei Dank verursachst Du mir keine Qualen. Aber ich bin immer noch schüchtern, oder? Muß jetzt Schluß machen.

Alles, alles Liebe
von Kopf und Herz
*Henry*

Ein paar Stunden später... Bin jetzt mitten im Aufbau einer neuen siderischen Konstellation. Das Astralklima hat sich verändert. Ich erwarte jede Minute Deinen Anruf..., hoffentlich verstehst Du, warum ich so geduldig bin! Das hat nichts mit Gleichgültigkeit zu tun. Und auch nicht mit Angst. Ich habe so brutale Lektionen im Warten bekommen – von Verflossenen –, daß ich fast ein alter Hase darin bin. Die Beherrschung verliere ich nur, wenn Du sagst, Du kommst zu einer bestimmten Zeit, und dann zwei oder drei Stunden auf Dich warten läßt. Dann bin ich nahe dran durchzudrehen, sowie ich bloß an Deine lange Fahrt zur Arbeit und zurück denke. Was kann nicht alles passieren! Ich muß einfach auf Dein Glück vertrauen, Deinem Schutzengel danken.

Weiß Du, je älter ich werde, desto mehr Intuition kriege ich offenbar. Deshalb scheint auch an manchen Tagen eine düstere Wolke über mir zu schweben. Und gewöhnlich ist das auch so, wie sich immer ein paar Tage später herausstellt. Dies ist die Phase, so sagt man mir oft, da mein anderes (besseres) Ich zum Tragen kommt.

Ach ja, und neulich nachts erwachte ich aus einem ganz wunderbaren Traum. Ich war an einem Ort ähnlich wie Big Sur, nur noch schöner, wo die Gemeinde wie ein einziges harmonisches Wesen war *und* wo ich laufen, rennen, autofahren konnte – all meine Fähigkeiten wiederhergestellt. Ich haßte es aufzuwachen. Es war wie ein Traum vom Himmel, der mich über Stunden hinweg in Ekstase versetzte.

Merkwürdig war auch, daß in dem Traum kein Sex vorkam. So viele unserer Träume drehen sich um einen wirklich guten Fick – einen Fick im Geheimen, sozusagen. Aber besser als die sind jene, die ich die geistigen nennen möchte, wo alles Seligkeit ist und seit Ewigkeit war! Meinst Du nicht auch?

Ist es nicht ein schönes Gefühl zu wissen, man ist ganz

durchdrungen von Sex, kann aber doch ohne ihn auskommen – zumindest eine Zeitlang?
Liebe Brenda, ich träume oft davon, mit Dir zu schlafen, und es ist schöner, als sich mit Worten schildern läßt, aber noch schöner ist es, wenn Du plötzlich auftauchst, wie eine Erscheinung, mit diesem da Vinci-Lächeln, warm, verständnisvoll, keusch. Verstehst du mich?
Ich werde jetzt schließen. Ich gehe zu Bett, in der Hoffnung, daß Du mich anrufst. Wir treffen uns bald, *n'est-ce pas?*

Dein verträumter Geliebter
*Henry-San*

*

*Ich erklärte Henry, wie lernbegierig ich sei und wie gern ich all die bedeutenden Dichter und Philosophen lesen und verstehen würde. Er lachte und sagte, die Gesammelten Werke großer Dichter und Philosophen zu kennen, würde keinen besseren Menschen aus mir machen, aber wenn mir wirklich so viel gelegen sei, wolle er mein Mentor werden. Ich glaube, ich habe ihn nie so geliebt wie in diesem Moment. Mein Traum war in Erfüllung gegangen. Ich erklärte ihm, daß man in Mississippi die Mädchen lehrt, eine gute Ehefrau zu sein, ihrem Mann alles recht zu machen und ihre Kinder zu braven Kirchgängern zu erziehen, aber daß ich etwas anderes wolle. Es war schon immer mein Wunsch gewesen, mir meinen Lehrer selbst aussuchen zu können, und der, den ich gewählt hatte, war kein geringerer als Henry Miller, und er hatte ja gesagt.*
*Wir nahmen also meine Bildung in Angriff. Zuerst stellte ich unzählige Fragen, und er schickte mir Bücher zu den Themen, die mich interessierten. Nachdem ich das jeweilige Buch gelesen und Absätze, die mir unverständlich waren, angestrichen hatte, erklärte er sie mir, bis ich langsam anfing, den Autor zu verstehen. Wenn mir der Stil eines Autors gefiel, wie bei H. Rider Haggard zum Beispiel, dann wählte Henry ein oder zwei weitere Bücher von ihm für mich*

*aus. Manche davon waren schwer zu beschaffen, und wenn das Buch schließlich eintraf, nachdem ich wochenlang darauf gewartet hatte, war Henry so aufgeregt, als sei er auf einen kostbaren Brillanten gestoßen, den er mir verehren könne.*

*Manchmal veranstalteten wir bei Tisch Frage- und Antwort-Spiele. Mit der Zeit gab er mir Kostproben der Werke all seiner Lieblingsautoren. Ich las ihm Gedichtstrophen vor, die mir gefielen, und er dachte sich kleine Verse für mich aus. Aber ich lernte nicht nur aus Büchern. Eines Tages fuhr Henry in einer schwarzen Limousine vor und nahm mich mit zu den MGM-Studios. Er hatte eine Privatvorführung eines unserer Lieblingsfilme arrangiert:* Anna Karenina *mit Greta Garbo.*

*Wir beiden saßen ganz allein im Vorführraum, tief in die Polster wuchtiger Sessel gekuschelt und richtig gespannt, schon als der Vorspann ablief. Wir kicherten wie zwei Kinder bei ihrem Lieblingsspiel. Aber als der Film zu Ende war, heulten wir alle beide. Er zog sein tadellos gebügeltes, weißes Taschentuch heraus und trocknete mir die Augen. (Henry hatte immer ein frisches Taschentuch für mich dabei, seit er sich daran gewöhnt hatte, daß ich ganz plötzlich vor Freude oder vor Kummer in Tränen ausbrechen mochte.)*

*Die große Lektion, die ich Henry verdanke, bestand letztlich darin, daß er mich an seinem Leben teilhaben ließ. Diesen gebrechlichen Mann zu beobachten, der sich, fast blind, über seinen Pingpongtisch beugte, spontan ein heiteres Aquarell schuf, dann schlief wie ein Baby, wieder aufstand und Stunde um Stunde seine Post beantwortete, mit seinem Gehwagen über den Flur ins Bad schlurfte und zurück an seinen Schreibtisch, um zu arbeiten oder zu lesen und wieder zu lesen, alte Bücher wie neue – das hat mich nachhaltig geprägt. Henrys Lebenskraft, sein Optimismus, seine Kreativität und Neugier erlahmten niemals. Er ignorierte sein Alter und seine Gebrechen. Er liebte mich und unsere gemeinsamen Augenblicke, als wären wir gleichaltrig. Er öffnete mir die Augen, und, wie Henry immer sagte, das ist das Beste, was einer für den anderen tun kann.*

*

Mehr M's für Brenda, gepflückt vom Schädel eines Kaffeehausliteraten – willkürlich.

menstrual
Marsupialier
Methodologie
Methodist
Metempsychose
Metabolismus
Metronom
Manöver
Marine
matutinal
Mastektomie
Masturbation
Marihuana
Maskottchen
Mandoline
mandatieren
Makulatur
Mobilität
Monotonie
Maske
Miktion
Mogul
Mendikant
Marmor
Moschee

managen
Mauschel
mastikatorisch
Matrikel
manipulieren
Mannequin
Muräne
maussade
Muli
Monogamie

*Namen*
Mohawk
Monongahela
Missoula
Missouri
Manati
Massapequa
Mississippi
Montana
Mexiko
Moskau
Manitoba
Mauritius
Marquesas

*

*Einmal bereitete Henry sich auf einen Auftritt in der* Tonight Show *vor. Er stellte eine Liste mit Themen zusammen, die er in sein Gespräch mit Johnny Carson einbauen wollte; ich sollte ihm diese unmittelbar vor seinem Auftritt ins Gedächtnis rufen.*

*

1. Irving und *Stroker – Lahmer Wownik.*
2. *Die Entzauberten* und Pierre Loti.
3. *Herz. Ein Buch für die Jugend!*
4. Wie ich male, ohne gut zu sehen – einäugiger Jack!
5. Welchen Schund unsere eigenen Verleger heute rausbringen.
6. Der Heilige Franziskus geißelt allen *Schund.*
7. Gurdjieff – Buch von Fritz Peters.

Glaubst Du, daß ich eine Chance habe?? Möchte nicht über *Joey* sprechen.

8. Der Dalai-Lama im Gegensatz zum Papst.
9. Krishnamurti – nie im Fernsehen.
10. Der nahe Weltuntergang – durch »Fortschritt« verursacht.

Bin ich noch bei Trost? Ich weiß, es ist praktisch unmöglich – diese Themen. Die meisten davon tabu.

11. Marie Corelli – Die Frau und der Mythos. Bewundert von Lord Gladstone, Lord Tennyson, Oscar Wilde. Sarasate – Violinvirtuose. Privat ein Schwein!
12. Lou Andreas-Salomé. Warum bringen die Feministinnen nichts über sie – Emanzipationsbewegung usw.?
13. Isaac Singer – Nobelpreisrede: »Jiddisch ist eine Sprache, in der es kein Wort für *Waffen* gibt!!« Von Zeitungen und Magazinen ignoriert.

14. Cendrars, Knut Hamsun – meine Lieblinge. Cendrars Sterben – ein Experiment.

Bin ich übergeschnappt? *Ich liebe Dich!!!!!*

P. S. Heb das auf, für den Fall, daß ich nicht weiß, worüber ich reden soll und Gedächtnishilfen brauche.

*NOTIZEN* *BRIEF AN B. V.* *NOTIZEN*

Ganz gleich, ob Mösen groß oder klein wären, eng oder weit. Der sinnliche (*charuelle*) Krishna verwüstet ganze Dörfer zu jeder Stunde des Tages oder der Nacht. Frauen geraten in Ekstase. *Verwüstungs*-Fick. Fickte alles, was Fotze hat – jedes Alter, Kind, Braut, Mutter, Großmutter!

Nonavati (Nichtsein) rief Krishna an, wann immer er seine Frau betrog. »K----- will, daß wir ficken . . .«

»Bitte machen Essen jetzt, Endrée, es wird spät. Bitte säubern Schemel nächstes Mal. Bitte machen Betten. Bitte bringen Abfall runter.« Sklavin von diesem Trottel.

Sappho, die große Lesbierin. Liebeslieder. Stürzte sich von Felsvorsprung 1000 Fuß tief ins Meer. Hatte schönste Möse aller Zeiten.

*Indra* – Göttin mit 100 Armen. Symbol der Gier oder selbstsüchtiger Liebe? Oder großer Sinnlichkeit? Nicht zufrieden damit, bloß Schwanz und Eier zu fühlen. Muß immer grapschen, kneten, fummeln.

Weshalb ein Dichter durch den Anblick einer Fliege mit ausgerissenem Flügel dazu inspiriert werden kann, ein edles oder ein gemeines Gedicht zu schreiben!!

Und so singen seine Rippen im Gedenken an Berührung linker Gesäßhälfte wehmütiges Klagelied.

Renoir küßte Leinwand, bevor er anfing. Malte mit an den Armen festgeschnallten Pinseln. *Une femme qui péte n'est pas morte.* (Eine Frau, die furzt, ist nicht tot.)

Seine schönen Models und Hüte und Boote. Ins Fleisch verliebt. Sensualist!
Rabelais – baute die Mauern von Paris mit menschlichen Fotzen nach! Aber dann kamen Schwärme von Fliegen! *Dommage*! Prä-Bidet-Periode in Frankreich! Fotzen stanken alle!
Hunde schauen beim Ficken in entgegengesetzte Richtung. Manchmal drei Rüden auf einer Hündin.
Die Hure, die es fünfzigmal am Tag machte – fast umsonst. Schamlippen so groß, hingen runter wie leere Säcke! Hatte null Gefühl. Jede Nummer dauerte nur 10 bis 15 Minuten.

*18 Uhr 15, Sonntag 29/7/77*

*Liebe Brenda,*

eben klingelte das Telefon, und als ich dranging, meldete sich keiner. Hoffentlich warst es nicht Du, um mir zu sagen, Du kannst nicht.
Ich habe den ganzen Tag an Dich gedacht und dabei die Texte und Melodien alter Lieder vor mich hingesummt, wie

1.) »Meet Me Tonight in Dreamland«
2.) »School Days, School Days«
3.) »Roses of Picardy«

Ich habe Charles gefragt, ob er sich an das eine oder andere erinnert, und er sagte, nein, er habe nie davon gehört. Da kam ich mir wirklich alt vor. Jedenfalls gehen mir diese Weisen immer noch im Kopf rum! Ich bin neugierig, ob Du welche davon kennst, obgleich sie lange vor Deiner Zeit in Mode waren.
»Roses of Picardy« war mein erklärtes Lieblingslied. Ich weiß noch, daß ich geweint habe, als Edmund Burke, ein irischer Tenor, es in der Londoner Music Hall vortrug.
Dann das Dreamland-Lied, das so aufhört: »Meet me in Dreamland, sweet dreamy dreamland, there where my dreams come true.« Aber das, welches ich mir *jetzt* dauernd

vorsinge, heißt »School Days«. Das hast Du wahrscheinlich schon gehört.
Ich hatte zwei Zeilen vergessen, und hab mir meine eigenen ausgedacht:

> Du warst mein Prinzeßchen in Kaliko
> Ich, barfuß, beklommen, war dein Beau ...

*Henry*

*

*Das Erscheinen von* Wendekreis des Krebses *war für Henry Miller der Beginn eines neuen Lebens, das des berühmten Schriftstellers. Es war zugleich das Ende seiner großen Liebesaffäre mit seiner Frau, June Smith. Bevor das Buch fertig war, las sie das Manuskript und war entsetzt darüber, wie Henry ihr Zusammenleben dargestellt hatte.*
*Sie floh aus Paris und verkroch sich in Arizona in einer regelrechten Einsiedelei. Henry erzählte mir, daß er ihr Briefe geschrieben habe, in denen er sich entschuldigte und June um Verzeihung bat. Sie kamen ungeöffnet zurück. Henry grämte sich, weil er das Gefühl hatte, sie lehne beide ab, den Künstler und den Mann in ihm.*
*June, oder Mona, wie sie sich selbst gern nannte, war eine faszinierende Frau. Henry war besessen von seiner Liebe zu ihr.*
*Als sie sich kennenlernten, war June Taxigirl. Henry tanzte gerade mit einem anderen Mädchen und sprach über Strindberg. June kam zu Henry rüber und sagte, sie fühle sich so, als* sei *sie Henriette, die Heldin Strindbergs. Henry stürzte davon und kam mit einem Armvoll Tanzkarten zurück.*
*Binnen kurzem hatte June sich Henry als die Heldin einer stattlichen Anzahl seiner Lieblingsbücher präsentiert, allen voran die Filipowna in Dostojewskis* Idiot, *die Victoria im Knut Hamsun Buch und die Ayesha in Rider Haggards* She. *Henry liebte ihre Verwandlungen,*

*während sie von einer Heldin zur nächsten wechselte. Sie war lebendes Theater.*

*June war größer als Henry, und er hatte immer Komplexe wegen seiner Glatze gehabt, schon seit ihm auf der High-School die Haare ausgegangen waren: Als sie das erste Mal außerhalb des Tanzpalastes auf ihn zukam, fühlte er sich unsicher, doch sie überwand seine Schüchternheit rasch. Sie nahmen irgendwo einen Aperitif, setzten ihren Spaziergang fort und liebten sich noch am selben Abend in einem Taxi.*

*Sie war immer bereit, mit Henry zu schlafen, egal wo und wann. Er gestand mir, er habe das peinlich, aber auch aufreizend gefunden. Es war erregend, wenn sie ihn in einem Taxi bestieg oder wenn sie ihn von der Straße weg in ein Pissoir zog.*

*Gingen sie im Park spazieren, schleppte sie ihn ins Gebüsch oder auf eine Bank oder ins Gras. Waren sie bei Freunden, wie Alfred Perlès, zu Besuch, zerrte June ihn oft ins nächstbeste Schlafzimmer und verführte ihn.*

*Sie trug selten Unterwäsche. Aber wenn sie es tat, sagte Henry, dann schnitt sie mitten in ihre BH-Körbchen ein Loch. In ihrer Wohnung machte es June großen Spaß, Henry die Erotische vorzuspielen. Sie wischte den Fußboden in einem aufreizenden Abendkleid, trug einen offenen Kimono und entblößte sich so weit wie möglich.*

*Henry sagte, er habe oft von der Schreibmaschine aufgeschaut und gesehen, wie June ihm zu Gefallen die Beine übereinanderschlug. Er sagte, er habe sie gern gebadet oder geduscht. Und am Ende seien sie unweigerlich zusammen in der Wanne gelandet und hätten sich geliebt.*

*Henry mochte besonders ihre Stimme. Sie war tief, guttural und zärtlich, was June zu einer begabten Geschichtenerzählerin machte. Henry war stolz darauf, daß sie Zigeunerblut hatte, und er fand, sie setze ihre ganze Persönlichkeit ein, wenn sie ihre Geschichten erzählte – ihre Mandelaugen, die Augen einer Zigeunerin, wechselten die Farbe, während sie sprach; ihre anmutigen, schmalen Hände tanzten auf und ab, während sie ihre Figuren darstellte.*

*Daß sie Tänzerin war, faszinierte ihn. Sie war die begehrteste Frau, die er je gekannt hatte. Er strahlte jedesmal vor Stolz, wenn sie miteinander ausgingen. Er sagte, alle hätten ihn beneidet, wenn er mit ihr erschien. Er äußerte sich auch über ihre schönen, langen Beine. Er sagte, weil sie Tänzerin war, habe sie einen Gang gehabt wie eine Gazelle. Wenn er sie zur Arbeit begleitete, blieb er gern stehen und schaute ihr einfach nach, weil sie so exotisch und schön anzusehen war. Wenn ich Henry so über sie reden hörte, kam mir immer wieder dieselbe bohrende Frage in den Sinn – aber ich traute mich nicht, sie zu stellen.*

*Endlich, eines Abends beim Essen, brachte ich sie vor.* Großer Fehler! *Ich war auf eine offene Wunde gestoßen.*

*Ohne mich lange zu besinnen, platzte ich heraus: »Wenn du ein so wahrheitsliebender Mann bist, warum schreibst Du dann auf eine Art und handelst auf eine andere? Ich begreife nicht, wie so ein kultivierter, gebildeter Gentleman, der im wirklichen Leben stets charmant und aufmerksam Frauen gegenüber ist, mit soviel Verachtung über sie schreiben kann.«*

*Ich wollte wissen, warum seine Darstellung des Liebesaktes so rein gar nichts mit Liebe zu tun hatte. Er schien in zwei Männer gespalten – einmal der Mann, den ich kannte, jener »letzte der Großen Romantiker«, und dann der Schriftsteller, der sich mit seinen anschaulichen Schilderungen brutaler Sexualität brüstete.*

*Henry erwiderte zornig: »Warum, warum, warum? Frag mich nie nach dem ›Warum‹. Darauf gibt es keine Antwort. Die Menschen tun, was sie tun wollen.«*

*Ich bohrte weiter, ich konnte an diesem Punkt nicht stehenbleiben, auch wenn Henry noch so schockiert war. »Wenn du wirklich so frei bist, wie du behauptest, wie erklärst du dann das: Du hast June wie eine Straßendirne dargestellt, eine Drei-Groschen-Hure, was sie nicht war. Oder etwa doch? Du hast sie überredet, dich zu heiraten, nicht umgekehrt. Sie hat für dich gesorgt und dich geliebt. Wenn sie anderen Männern Geld abknöpfte und dir gab, damit du das literarische Genie werden konntest, das du heute bist, dann bist* du *der Heuchler! Du hast June in Paris mit* Wendekreis des Krebses umgebracht!*«*

*Er ließ die Gabel fallen und wäre vor Wut fast aus dem Rollstuhl gesprungen. Er erklärte mir, ich verstünde das nicht, ich wäre damals nicht dabeigewesen, und wer sei ich, daß ich mich zum Richter über etwas aufschwinge, wovon ich keine Ahnung hätte. Es war das erste und einzige Mal, daß ich ihn die Beherrschung verlieren sah. Ich haßte mich für das, was ich gesagt hatte, und rannte davon. Den ganzen Heimweg war ich wie betäubt. Noch am selben Abend schrieb ich ihm einen Brief, in dem ich ihn bat, mir zu verzeihen, daß ich ihn gekränkt hatte.*

*Am nächsten Tag bekam ich einen Eilbrief und ein Telegramm, beide gespickt mit Vorwürfen wegen meines Verhaltens. Später am selben Tag, nachdem ich vom vielen Weinen schon ganz geschwollene Augen hatte, rief Henry mich an. Er erkundigte sich, ob ich seinen Brief bekommen hätte, und entschuldigte sich für den unversöhnlichen Ton seines Schreibens. Er wollte, daß ich zu ihm zum Abendessen käme, damit wir uns aussprechen könnten. Ich sagte, es täte mir leid, daß ich überhaupt davon angefangen hätte.*

*Einige Zeit später hatte ich Gelegenheit, Henry zu fragen, wie seine Beziehung zu June* wirklich *war. Er sagte, er habe den Verdacht, daß sie ihm untreu gewesen und daß sie in Wahrheit eine Schwindlerin sei. Allmählich wurde es ihm möglich, mit mir über June zu sprechen, endlich seine Schuldgefühle darüber loszuwerden, was er ihr ihrer Meinung nach angetan hatte.*

*Und ich war endlich nicht mehr June für ihn. Ich bat Henry, für mich eine kurze Szene zu schreiben, die ihre Beziehung veranschaulichte. Er sagte, er würde es versuchen. Und als er mir das Ergebnis seiner Bemühungen überreichte, sagte er, er hoffe, es würde mir gefallen. Zum Dank spielte ich das Stück vor großem Publikum, in dem auch Henry saß.*

*

*Montag*

*Liebe Brenda,*

hier ist die Szene, die Euer Majestät gestern abend verlangten. Hoffentlich ist sie geeignet. Ist sie zu kurz? Hoffe nicht.
Wie Du merken wirst, hatte ich beim Schreiben sowohl Dich vor Augen als auch June. Hoffentlich bist Du nicht böse deswegen. (Vielleicht ist es das, was Du eigentlich wolltest.) Sie scheint eine Menge Fragen zu beantworten, diese kleine Szene.
Hoffentlich bist Du zufrieden damit. Euer Majestät sind nicht leicht zufriedenzustellen in solchen Sachen. Ich habe das Stück in etwa drei Stunden runtergeschrieben. (Vielleicht könnte man's verbessern? Könntest Du das besorgen?)
Bis dann. Ich brauche ein kleines Nickerchen.

Dein Liebling
*Henry*

## SZENE AUS EINEM UNFERTIGEN STÜCK

Bescheidene Wohnung in Großstadt – spärlich, aber geschmackvoll eingerichtet, *à la Japonaise!*
STELLA, die Ehefrau
HAL, der Ehemann
Hal ist ein junger, aufstrebender Schriftsteller, von dem aber bisher noch keine Zeile angenommen wurde. Er bleibt daheim, kocht das Essen, macht die Hausarbeit.
Stella, ehemals Schauspielerin, etwa 5 Jahre älter als Hal, hat ihre Theaterkarriere geopfert, um ihrem jungen Gatten dabei behilflich zu sein, ein berühmter Schriftsteller zu werden. Sie hat es übernommen, das nötige Kleingeld zu beschaffen. *Wie*, weiß keiner. Untertags ist sie zu Hause. Geht nach dem Abendessen weg und kommt in der Regel gegen drei Uhr morgens heim.

## SZENE

Hal sitzt an der Maschine. Er hat den ganzen Abend keine Zeile zu Papier gebracht. Als er ihre Schritte auf der Treppe hört, fängt er an, sinnlos in die Tasten zu hauen.
Stella platzt herein, unheimlich aufgekratzt, und als sie ihn so sieht, bittet sie, lesen zu dürfen, was er geschrieben hat.

HAL
(Springt auf)
Nein, Stella, ich kann dir leider nicht zeigen, was ich heute fabriziert habe – es ist nichts geworden.

STELLA
Ist mir gleich – das sagst du doch immer. Bitte ...!

HAL
(Manövriert sie von seinem Tisch weg, aus Angst, sie könnte sehen, was für Unsinn er zusammengetippt hat.)
Oh, vergiß mein Geschreibse. Wie ist es dir heute abend ergangen? Du siehst glücklich aus. Hast du einen großen Fang gemacht?

STELLA
Nei-ein, nicht direkt. Aber ich habe einen wunderbaren Mann getroffen. Was ich einen echten Gentleman nennen würde. Er ist in der Werbebranche. Hat eine kranke Frau. Ich wünschte, du könntest ihn kennenlernen ...

HAL
Ja, ich nehme an, früher oder später werde ich sie alle kennenlernen. Komisch, wie du so viele Männer triffst, die so nett zu ihren Frauen sind. Wie stellst du das bloß an?

Stella
(nimmt an seiner letzten Bemerkung Anstoß)
Komm, Hal, werd nicht sarkastisch. Du vertraust mir doch, oder etwa nicht?

Hal
(Beflissen)
Sicher, das weißt du. Wenn ich's nicht täte, hätte ich schon längst Selbstmord begangen.

Stella
Das ist keine sehr nette Bemerkung.

Hal
Verzeih mir, ich hab's nicht so gemeint.

Stella
(ärgerlich werdend)
Wie hast du's *dann* gemeint?

Hal
(In der Hoffnung, das Thema wechseln zu können)
Du weißt doch, Stella, daß ich mich nie drum kümmere, wie du deine Abende verbringst. Wäre ich ein eifersüchtiger Ehemann, könnte ich mir alles Mögliche ausmalen.

Stella
Was, zum Beispiel?

Hal
Oh, laß uns damit aufhören . . .
(Plötzlich, so als sei ihm der Gedanke eben erst gekommen)
Weißt du, Stella, darüber habe ich heute abend geschrieben . . ., nicht direkt, aber . . .

Stella
Los, weiter! Klingt interessant.

Hal
(Übernimmt die Führung)
Ja, siehst du, ich habe versucht, mir vorzustellen, *was* du wohl von acht Uhr abends bis drei Uhr morgens so machst, und dann fing ich an zu schreiben, indem ich mir dich als eine der Figuren dachte. Unser Leben so gut wie möglich wiederzugeben versuchte. Alles außer jener nächtlichen Lücke.

Stella
Ich glaub dir gern, daß du hin und wieder das Schlimmste angenommen hast. Die meisten Männer würden das tun.

Hal
Ja, wenn ich über eine fiktive Gestalt schreibe, kann ich mir fast alles vorstellen ...

Stella
(Unterbricht)
Los, weiter. Erzähl mir mehr darüber – ich bin neugierig.

Hal
Wirst du auch bestimmt nicht böse werden?

Stella
Natürlich nicht. Ich bin schließlich Schauspielerin. Vergiß das nicht.

Hal
Gerade das macht mir ja Angst. Schauspielerinnen sind bekannt dafür, daß sie leicht in Wut geraten.

STELLA
Sag mir das Schlimmste – ich werd schon ganz kribbelig.

HAL
O. K. Auf los geht's los. Das Schlimmste ...

STELLA
(Atemlos)
Du hast mich doch hoffentlich nicht als Hure hingestellt.

HAL
(Scherzend)
Steckt nicht in jeder Frau eine Hure?

STELLA
(Voll Bitterkeit)
Nein, *nicht* in jeder Frau steckt eine Hure, und das weißt du auch.

HAL
Ich hab doch nur Spaß gemacht. Wie könnte ich die Frau, die ich liebe, als Hure hinstellen?

STELLA
Schriftsteller bringen die merkwürdigsten Sachen fertig. Außerdem glaube ich sehr wohl, daß ein Mann sich in eine Hure verlieben kann. Ich war hart dran, eine zu sein, als wir uns kennenlernten.

HAL
Vielleicht habe ich mich anfangs tatsächlich eher in dein abenteuerliches Leben verliebt als in dich.

Stella
(Die Bemerkung scheinbar ignorierend)
Hal, wir vergessen ganz, was du geschrieben hast. Nun, wie hast du mich gesehen, in was für einem Licht?

Hal
Um die Wahrheit zu sagen, das erste, was mir in den Sinn kam, war – eine Hure. Aber eine sehr unaufdringliche, sehr intelligente. Und da habe ich mich heute abend festgefahren. Es paßte einfach nicht auf dich. Andererseits konnte ich nicht leugnen, daß es was mit Sex zu tun hatte . . .

Stella hört mit sonderbarem Lächeln zu, so als wolle sie sagen: »Wie dumm bist du eigentlich?!«

Hal
(Fährt fort)
Also, das nächste, was mir einfällt, ist, daß ich dich zur Geliebten von irgend 'nem armen Teufel mach.

Stella
Meinst du so was wie 'n Mann ohne Eier?

Hal
Ja, klar – so in der Richtung jedenfalls. Tatsächlich kommt das, was du mir eben beim Heimkommen erzählt hast, ziemlich genau hin.

Stella
Was soll das heißen?

Hal
Ich meine den wunderbaren Mann mit der kranken Frau. Braucht eine Gefährtin, Blondine bevorzugt, usw. usw. . . .

Stella bricht in schrilles Gelächter aus.

HAL
Was ist so komisch? Was hab ich denn gesagt?

STELLA
Es geht nicht um das, was du gesagt hast, sondern um das, was du nicht gesagt hast. Du willst, daß ich sexy bin, aber keine Fickerei, stimmt's? Willst du damit dein Gesicht wahren, oder was? Du weißt, daß wir in einer unmöglichen Situation leben.

HAL
(Fängt an zu lachen)
Du hast wohl recht. Ich hab dir ja gesagt, es ist nichts geworden, heute abend.

STELLA
Vergiß, was du geschrieben oder nicht geschrieben hast – erzähl die Geschichte einfach so weiter. Laß mich zusehen, wie du in deinem Kopf schreibst.

HAL
(Einigermaßen verlegen)
Das ist ganz schön schwer, Stella. Ein Schriftsteller muß bei der Arbeit ungestört sein, verstehst du?

STELLA
Vergiß das alles. Laß einfach raus, was dich beschäftigt. Ich werd dir helfen.

HAL
Na gut, ich will's versuchen.
(Er zögert)

STELLA
Ich hoffe, du hast mich attraktiv gemacht. Ich meine nicht bloß sexuell. Ich bin keine Sexbombe. Hast du dran gedacht, daß ich Schauspielerin war – und keine allzu schlechte?

HAL
Am meisten habe ich mich an dein Talent zum Reden erinnert.
Das ist vorrangig bei einer Schauspielerin. Ich habe dich »unwiderstehlich« gemacht – wie gefällt dir das?

STELLA
Prima. Sprich weiter...

HAL
Was ich an deiner Art zu reden herausstreiche, ist dein Umgang mit der Sprache. Es ist eine Kreuzung zwischen Hochschulabsolvent und Schönheitskönigin. *Rassig*, würde ich sagen, wie deine Hände und Beine.

STELLA
Aber was mache ich die ganze Nacht? Ich drehe doch nicht etwa Däumchen, *oder?*

HAL
Natürlich nicht. Du...

STELLA
Oder fick ich mir den Arsch ab?

HAL
Das auch nicht. Du fickst dir mit mir den Arsch ab, stimmt's?

STELLA
Hal, ich liebe dich. Es macht mich direkt übermütig, dich mal in der Klemme zu sehen. Du bist sonst immer so zuversichtlich, so selbstsicher. *Oder du bist ein verdammt guter Schauspieler!*

HAL
(Spürt, daß sie ganz dicht an der Wahrheit sind)
Hör mal – warte einen Moment. Über wen reden wir eigentlich – einen fiktiven Charakter oder den Mann, den du heute abend kennengelernt hast, wie du sagst?

(Kurze Pause)

Oder war's vor *drei* Monaten?

STELLA
(Ruhig)
Vor *sechs*, lieber Hal.

HAL
(Ermutigt durch dieses Geständnis)
Dann hurst du also tatsächlich rum?

STELLA
Wenn du's unbedingt so nennen willst!

HAL
Na, wie könnte man's denn sonst nennen? Es ist alles meine Schuld. Ich hätte dir nie erlauben dürfen, den männlichen Part zu spielen.

(Wieder eine Pause – plötzlich erhellt sich sein Gesicht)

Soll ich dir mal was sagen – es macht mir überhaupt

nichts aus! *Ich liebe dich.* Ich werde dich immer lieben! Es ist mir egal, ob du mit tausend Männern schläfst.

STELLA
(Unterdrückt ein Gähnen und beginnt, sich auszuziehen)
Laß mich deine kleine Hure sein, ja?

HAL
*Ja! Wunderbar!* Ich liebe dich mehr denn je.
(Er hilft ihr beim Ausziehen)
Schnell! Laß uns ins Bett gehen!

STELLA
Nein, gleich hier auf dem Fußboden.

HAL
Mag *er* es so?

STELLA
(Zu seinem großen Erstaunen)
Ja!

Wenn auch leicht verlegen, sind beide doch froh, die Scheinwelt einreißen zu können, die sie seit ihrer Hochzeit aufgerichtet haben.

HAL
Du mußt mir alles erzählen, was du mit ihm gemacht hast.
(Er meint sexuell)

STELLA
Gewiß, nur wird das länger dauern als eine Nacht.
(Hält unvermittelt inne. Ihr ist eine Idee gekommen)

Hal, vielleicht haben wir die Lösung für dein Buch. Ich erzähle dir meine Abenteuer mit den diversen Männern, die ich gekannt habe, und du bringst sie zu Papier.

Sie fallen sich in die Arme und sinken zu Boden.

VORHANG

Von Henry Miller für Brenda Venus 25/10/77

*Freitag, 27/10/77*

*Liebste Brenda,*

wie geht es Dir heute, mein Schatz? Es war herrlich mit Dir, gestern abend im Le Cellier's. (*Folle à la messe. Molle à la fesse.* Übersetzt heißt das ungefähr:

In der Messe bigott.
Lasch in der Fott.)

Dein Freund Charals Haagen war reizend. Wart Ihr beide nie ineinander verliebt? Ich könnte mir vorstellen, daß Du so einen Mann lieben kannst! Oder liege ich ganz falsch?
Tony und Sandi ordnen im ganzen Haus die Bücher neu. Ist ein grauenhaftes Durcheinander. (Muß im echten Jungfrauen-Stil gemacht werden.)
Ich hab nach ein Paar Schuhen gesucht, die ich anziehen könnte, falls es mal regnet, weil doch meine Füße nicht naß werden dürfen. Hab sechs oder sieben Paar im Schrank, aber kein einziges paßt mehr. Meine Füße sind wohl breiter geworden, seit ich immer diese weißen Latschen trage.
Du sprachst gestern davon, wie gesund es sei, tierische Innereien zu essen – besonders das Herz der meisten Tiere. Ich frage mich, wie das *menschliche* Herz wohl schmeckt? Kennst Du die Geschichte von dem König, der mit seiner untreuen

Frau abrechnet? Er läßt ihren Geliebten töten und ihr bei der Tafel sein Herz vorsetzen. Sie äußert sich darüber, wie gut es schmecke, worauf er entgegnet: »Kein Wunder, ist ja auch das Herz Deines Geliebten!«
Komisch, daß man nie Leckereien aus den Geschlechtsteilen gemacht hat. Ich könnte mir denken, die Vagina schmeckt köstlich. (Der Schwanz dagegen nicht – zu viele Muskeln!)
Ich wünsche Dir ein schönes Wochenende, meine liebe, liebe Brenda. Du warst so wunderbar gestern abend.

*Henry*

*Je t'embrasse mille fois et te baise dans ma tête.*

*

*Der 26. Dezember 1977 war Henrys sechsundachtzigster Geburtstag. In meinem Glückwunschschreiben stand, ich hätte das Gefühl, mich durch die Freundschaft mit ihm verändert zu haben. Ich schrieb ihm, er habe mich auf den Pfad des Vertrauens, des Glaubens und der Liebe geführt, und ich sei froh, ihm gefolgt zu sein.*

*

## DER TAG!

*Samstag*

*Geliebte Brenda,*

er kam heute mittag, Dein wunder-, wunderbarer Brief! Ich habe ihn mit Tränen in den Augen gelesen. Mein Gott, wie schön Du Deine Gedanken und Gefühle zum Ausdruck bringst. Manchmal, wenn ich Dich lese, fange ich an zu zittern – ich frage mich –, kann sie denn wirklich mich meinen? Wer bin ich? Wer ist dieser Henry Miller? Und so weiter und so fort. Es scheint unfaßbar, daß ein einzelner Mensch solche Lobeshymnen und soviel Verehrung wecken kann. Brenda, Brenda, es ist an mir zu verstummen. Vor solch liebevoller Beredsamkeit bin ich sprachlos.

Du fragst, ob ich das alles in Deinen Auge läse. In der Tat, das tue ich, meine Liebste. Alles steht in Deinen Augen geschrieben. *Und in Deinem ganzen Sein.* Du vibrierst aus allen Poren, selbst mit geschlossenem Mund.

Weißt Du, nachts wache ich oft auf, mache Licht und betrachte Dein Foto, Dein Bild auf dem Bücherbord. Und jedesmal sehe ich darin nicht nur Schönheit, sondern Reinheit, Integrität, Vertrauen.

Ich denke immer an Dich als an eine Blume aus dem tiefen Süden, die wundersam duftet, dabei jedoch zart und schwach zu sein scheint. In Wahrheit bist Du stark wie ein Tiger – und ebenso gefährlich, wenn man Dich reizt, fürchte ich. Meine Augen werden jetzt trüb. Ich habe ohne Brille geschrieben. Wenn ich von Dir höre, bilde ich mir ein, einfach alles zu können.

Ja, allerliebste Brenda, daß ich heute am Leben bin, verdanke ich nur *Dir*. Keiner weiß das besser als ich.

Sandi fragt immer ganz liebevoll nach Dir. Val möchte wissen, ob sie bald zu Besuch kommen darf. Ich wünschte mir so sehr, Du könntest ein paar Tage in unserer Hütte verbringen. Weißt Du, nach Monterey und zurück könntest Du fliegen. Val könnte Dich abholen und Dich zur Küste runterfahren. Überleg es Dir.

Ich liebe Dich, liebe Dich, liebe Dich. Du bist mein Ein und Alles ...

Wenn ich an Deinen Dad denke, singe ich im stillen: »Yankee Doodle Dandy« – obwohl das nicht gerade das Leib- und Magenlied der Südstaatler ist. Aber ich kann nun mal den großen Rebellenhymnus nicht besonders gut, obwohl er jedesmal, wenn ich ihn höre, mein Blut in Wallung bringt.

»*Look away, look away ...*«

Schau Du nicht weg, liebe Brenda. Sieh alles und jedes offen an. Schau allen ins Auge, Gutem wie Schlechtem. Gott sei mit Dir!

Dein
*Henry*

P. S. Hoffen wir, daß ich lange genug lebe, um einen Werbespot mit Dir zu machen, oder besser noch, *für Dich*.

*

*Zwei Herren namens Little John Chesko und Richard Young hatten Henry gebeten, einen Werbefilm für Wein in seinem Haus aufzeichnen zu dürfen. Als Richard und Little John mit ihrer Crew ankamen, war Henry ausgesprochen schlecht gelaunt. Ich nehme an, er hatte die Nacht zuvor nicht gut geschlafen, und all die Leute, die mit ihren Kabeln und Steckern herumhantierten, waren zuviel für ihn.*
*Henry sollte frei und spontan sprechen, und genau das tat er auch, nur redete er über alles* außer *über den Wein! Jedes Getränk und jede Speise, die man ihm vorsetzte, kostete er und mäkelte daran herum: »Was ist das?« fragte er etwa. »Dieses Hähnchen ist nicht sonderlich zart.« Oder: »Ich bin nicht wählerisch, aber das ist eine Riesenenttäuschung. Einfach jämmerlich!« Und die übrigen Speisen waren ihm sogar noch mehr zuwider. Henry fand an allem etwas auszusetzen.*
*Ich ermunterte Henry unermüdlich, doch irgendwas über die verschiedenen Weine zu äußern, die er probierte, aber er ignorierte mich geflissentlich, während er das Kamerateam mit seinem Erzähltalent ergötzte. Endlich, als er mein Drängen und Betteln nicht länger überhören konnte, nippte er an seinem Glas und sagte: »Aaah. Hmmm ...« Und das war's!*
*Als wir uns den Film ein paar Tage später anschauten, stellte sich heraus, daß die Aufzeichnung zwar auf keinen Fall für Werbezwecke geeignet, dafür aber so lustig war, daß Little John und Richard sich entschlossen, sie für ein Feature über Henry auszuwerten.*

# *1978*

*In seinem sechsundachtzigsten Lebensjahr litt Henry zunehmend unter allen möglichen Beschwerden. Er fuhr fort, täglich hart zu arbeiten. Sein Lebenswille triumphierte einfach über seine körperlichen Gebrechen.*

*

*13/1/78*

*Liebe, liebe Brenda,*

ich habe jetzt ungefähr drei Stunden lang Briefe beantwortet und bin noch immer nicht fertig. Aber ich finde, Du solltest einen kriegen, der keine Antwort ist, sondern ein Anreiz zur Antwort. Ich denke an Dich zwischen allen Zeilen, die ich zu Papier bringe.

Ich habe eben dem Herausgeber einer indischen Illustrierten in Neu-Delhi geantwortet, der wissen wollte, wem oder was ich meine Berühmtheit verdanke. Unmöglich, das in Kürze zu beantworten, aber ich hab's geschafft; schrieb ihm, Nietzsche, Emma Goldman, Swami Vivekananda und Fürst Kropotkin (russischer Anarchist, schrieb: »Worte eines Rebellen«) hätten mich sehr beeinflußt, aber ich hätte nicht vorgehabt, mit meiner Arbeit die Welt zu verändern. Wie dumm? Ist Gottes Schöpfung etwa für uns nicht gut genug?

Was für Briefe! Was für Ansinnen! Du kannst es Dir nicht vorstellen! Im Moment sind's natürlich die Überreste der Weihnachts- und Geburtstagspost.

Ich habe *einen Dollar* aus dem ganzen Berg rausgeschlagen – für Rückporto.

Wo bist Du heute, meine kühne Pilgerin? Hast du noch den rechten Kampfgeist? Irgendein Engagement in Aussicht? Laß

Dich nicht unterkriegen. Kopf hoch, und die Lippen fest zusammengepreßt. Allerdings nicht die ganz unten: Die sollten weich sein, jederzeit geschmeidig und elastisch. Ich singe leise Dein Lob vor mich hin. Ich umarme und streichle Dich, flüstere Dir ins Ohr (süße Nichtigkeiten!), etc., etc. Übersieh die et ceteras nicht – sehr wichtig.
Denk dran, was auch immer von meinen Lippen kommt, ist nicht unanständig, sondern *raffiné*. Das gilt selbst für brutale Obszönitäten. Gehören alle zur Schöpfung Gottes. Wie Du und ich.
Tschau fürs erste. Ich brauche ein Nickerchen. Sogar flach ausgestreckt werde ich an Dich denken – *immerdar*.
Ade für ein Weilchen.

Dein Täuberich
*Henry*

*4. März 1978*
*1 Uhr morgens*

*Liebste Brenda,*

kann nicht schlafen. Hab Anacin und Valium genommen – nichts zu machen. Muß immerfort an Dich denken. Wo bist Du? Was hindert Dich daran, zu schreiben oder anzurufen? Ist etwas Schlimmes passiert? Hast Du Dich »ent«-liebt – oder neu verliebt?
Du fehlst mir, fehlst mir, fehlst mir. Hast Du nicht gemerkt, wie abhängig ich von Deiner Gegenwart bin und von Deiner Liebe? Jetzt stecke ich in einem Tief – zwar noch nicht der völligen Verzweiflung, aber doch totaler Ratlosigkeit. Ich scheine keine stummen Botschaften mehr von Dir zu empfangen, oder die Stürme neulich haben die kosmischen Wellen zu sehr lädiert.
Aber – ich dachte, die Kräfte des Geistes (oder des Herzens) könnten solche Hindernisse überwinden. Das glaube ich

noch. Ich erwarte ein Wunder von Dir, durch Dich. Ich bin sicher, daß Du trotz allem an mich denkst, wo Du auch sein magst.
Ich hoffe doch, Du bist nicht im Krankenhaus oder in einer Klinik. Aber selbst wenn, könntest Du mich doch sicher benachrichtigen.
Brenda, wach auf! Sprich zu mir – über die Ätherwellen, wenn's sein muß. Aber laß mich nicht länger mit diesem Schweigen und dieser Einsamkeit allein.

Ich liebe Dich, ich liebe Dich.
*Henry*

*19. April 1978*

*Meine liebe, liebe Brenda,*

ich habe heute wieder den ganzen Tag im Bett gelegen und versucht, meine Rückenschmerzen zu kurieren. Haben etwas nachgelassen, sind aber noch da.
Hab natürlich keinen Strich getan, sondern einfach nur die Zeit verträumt.
Zum Beispiel bin ich Dein ganzes Leben durchgegangen, soweit Du mir davon berichtet hast. Manches ist vage, anderes sehr lebendig. Ich habe Dir sogar einen anderen Namen gegeben, als ob ich Deine Lebensgeschichte erzählte – »Guerlaine« (nach dem Parfum). Zuerst wollte ich Ghislaine nehmen (ein Name, der nach Artussage klingt), doch dann ist mir eingefallen, daß Durrells frischgeschiedene Frau so hieß, die ihm, wie er sagte, das Leben sehr schwer gemacht hat.
Ich wüßte gern, wie Du selbst dich nennen würdest, wenn Du die Wahl hättest!
Außerdem meine ich mich zu erinnern, daß Du mir erzählt hast, Du schreibst an einem Drehbuch. Bringst Du Dich selber auch mit rein, und wenn ja, stellst Du Dich naturgetreu dar, oder verleihst Du Dir außerordentliche Fähigkeiten und

Tugenden? Ich bin neugierig. Ich halte es fast für unmöglich, sich selbst ganz wahrheitsgetreu zu beurteilen, auch wenn die Enthüllung der eigenen miesen Seiten dem Porträt einen gewissen Reiz verleiht.
Was meinst Du?
Hoffentlich hast Du meinen recht aufführlichen Brief heute bekommen! Den ganzen Tag über hatte ich das Gefühl, Du würdest bei mir reinschneien und mucksmäuschenstill vor meinem Bett stehen, bis ich Deine Gegenwart *spüre*. Wie wunder-, wunderbar dieser Auftritt jedesmal ist! Nur wenige Frauen verstehen sich darauf.
Jemals Mark Twain gelesen?
Neulich hat sein Enkel mich zum Ehrenmitglied der Mark-Twain-Gesellschaft ernannt. Was mich an einen Tag in Mississippi erinnert, als ich auf dem Gelände einer berühmten Plantage am Flußufer stand und mein Begleiter (ein Südstaatler) mir ins Ohr flüsterte: »Mark Twain ist mit seinem Dampfer hier vorbeigefahren.« Wie konnte ich nur Hattiesburg verpassen? Und Dich?
Mache jetzt Schluß – schicke Dir all meine Liebe und Zärtlichkeit.

*Henry*

## BRENDA VENUSIANA!

Von den milchigen Rundungen
Zur milchigen Spalte
Die Givenchy Route
Anklänge an frühere Zeiten im Mutterschoß
Einzelhaft
Wo die ganze Chose
Gelegentlich ins Wanken kam,
Von einer Ecke in die andere geschleudert
Während der ehelichen Orgien
Doch immer geborgen, immer gelassen
In Erwartung des Signals zum Ausrücken
Ungeduldig, die Nabelschnur zu durchtrennen
Die blasse, passive Existenz
Ohne Liebe, ohne Sex, ohne . . .
In Erwartung des Skorpions, der die Himmel rundet
Und die Tür ins Leben aufstößt
Ein Leben so unvorstellbar, unfaßbar . . .
Hier kommt sie – Brenda
Tochter der Liebe, schimmernd
In ihrem Schleier aus Sex
Rittlings auf ihrer Aurora Borealis
Geschaffen, um angebetet,
Verehrt und genommen zu werden, wieder und wieder
Die Venus der Liebe.

*Henry Miller*

*

*Seine große Passion waren Heilige, besonders Franz von Assisi und Cabeza de Vaca, der 1528 als Leutnant im Dienste des spanischen Königs an einer unglückseligen Expedition nach Florida teilnahm. Er, zwei weitere Spanier und ein Mohr waren die einzigen Überlebenden.*

*Acht aufreibende Jahre lang zogen sie kreuz und quer durch Nordamerika und vollbrachten Wunderheilungen an den Indianern, die ihre Brüder wurden.*

*De Vaca war für Henry ein Held. Er erzählte mir die eben erwähnte Geschichte ein übers andere Mal, wiederholte sie, damit ich mir die Worte eines Mannes einprägte, der ehedem ein Krieger und Eroberer gewesen war.*

*»Ich werde die Welt lehren, wie man durch Güte erobert, statt durch Gemetzel.«*

*Und Henry wollte, daß ich mir einen Ausspruch des Heiligen Franziskus einprägte: »Wieviel ein Mann vor Gott zählt, soviel ist er wert und nicht mehr.«*

*Die Bedeutung dieser Helden bestand für Henry darin, daß sie exemplarisch für Menschen standen, denen alles genommen ist und deren Leben sich gezwungenermaßen jeden Augenblick vor Gott abspielt. So hat er selbst es erklärt.*

*Henry fühlte sich diesen großen Männern in ihrer Wahrheitssuche sehr verwandt. Er betrachtete alle Menschen sowohl als Sensualist wie auch als Spiritualist. Für ihn war ein Heiliger der wirkungsvollste Repräsentant dieser beiden Aspekte des Menschen, da er am heftigsten mit ihnen rang.*

*

*25. April 1978*

*Mein Liebling, meine geliebte Brenda,*

ich habe seit 72 Stunden einen frankierten, adressierten Umschlag (an Dich) auf meinem Schreibtisch liegen, immer in der Hoffnung, daß ich die Zeit finde, Dir zu schreiben. Mir gingen so viele Dinge im Kopf herum – auch solche, die unter die Zensur fallen –, und nun ist alles verflogen, während ich den vielen, vielen geantwortet habe, die mir über dies und jenes schreiben.

Giles Henley (in England) schickte einen Brief, dem eine britische Fernsehzeitung beilag mit einem Artikel von Lawrence Durrell über seinen Filmtrip nach Ägypten. Ich war ganz hingerissen davon. (Mia Farrow ist mit ihm auf einem der Fotos.) Durrell schreibt offenbar wieder ein Buch über Ägypten – Ägypten nach sechsjähriger Abwesenheit. Er schreibt so schlicht, klar, gefühlvoll – besonders, was Ort und Farbe angeht. Nun, Du wirst sehen. (Ich bin neugierig, ob Du je sein *Alexandria Quartett* gelesen hast – hat ihn berühmt gemacht, so wie mich die *Wendekreise*.) Aber ich werde dich nicht drängen, etwas zu lesen, und sei es auch das größte Meisterwerk der Moderne, da Du selbst mitten im schöpferischen Prozeß steckst ...

Nun zu etwas anderem ... Worüber ich mich vor etwa 48 Stunden auslassen wollte, das ist die seltsame Tendenz (meinerseits), sexuelle Erregung zu verspüren, wenn ich mir Dich als Heilige vorstelle, und sei's auch nur im embryonalen Zustand. Während ich darüber nachsinne, erinnere ich mich an Bilder vom Heiligen Antonius in der Wüste, wie seine sexuellen Begierden und Phantasien ihm Höllenqualen bereiteten. Wenn ein Heiliger geil war, dann war das nämlich nicht so wie bei gewöhnlichen Menschen. Die Heiligen waren außergewöhnliche Wesen mit außergewöhnlichen Gelüsten – und die Freuden des Fleisches standen ganz obenan ...

Wie ich nun so an Deine frühe Jugend zurückdachte, an die Freundin in Hattiesburg, die ein bißchen älter war als Du und

vielleicht auch ein bißchen *lüsterner*, fing ich auf einmal an, über Dich nachzudenken, wie du heute bist, so rein, so statuenhaft, und auf Deine verhaltene Art so wahnsinnig, leidenschaftlich erregend. Jedesmal, wenn Dein Kleid sich öffnete und ein Stückchen Alabasterhaut freigab, jedesmal, wenn meine Hand nahe dem Delta der Venus ruhte, konnte ich spüren, welche Glut von Dir ausgeht. Keusch wie wir miteinander umgehen, ist doch Dein Bild immer höchst erregend. Du bist wie die »Madonna des Sex«, falls es ein solches Wesen gibt. Welch stumme Sprache der Leidenschaft wir doch miteinander teilen. Und vor welchem Hintergrund! Das runtergekommene L. A., oder die Nische im Imperial Gardens oder der Vordersitz Deines Wagens. Ja, auch dies sind lauter himmlische Orte – vielleicht nur für kurze Augenblicke, wie wenn Du Dich selbst vergißt (?) oder was. Und das alles erregt mich nur noch mehr. Wie könnte ich über die *Primavera* herfallen? Wie könnte ich es wagen, am Delta der Venus zu spielen oder mit den prächtigen Paradiesäpfeln darüber? Lieber würde ich Dir die Füße lecken, Deinen brennenden Hintern küssen, verstehst Du, was ich meine?
Mit anderen Worten, Henry Miller, der Heilige, der Weise, ist sogar noch mehr an Deinen körperlichen Vorzügen interessiert. *Comme il faut*! Ich weiß, Du wirst mir diese unbesonnenen Gedanken verzeihen. Nur verrate mir, ob du je ähnliche hast, was *meine Wenigkeit* betrifft?
Das war's, was ich loswerden wollte. Ich streichle und küsse Dich überall.

Dein ergebener und
ein bißchen phantasierender Geliebter,
*Henry*

25/4/78

*Liebe, liebe Brenda,*

wieder ein anstrengender Posttag. Bekam eine Eilzustellung von Bert Mathieu mit etwa 20 Manuskriptseiten, handgeschrieben, und einem langen Brief von seinem Verleger, der mich um Hilfe bittet – literarisch und graphisch. Ich werde Tage brauchen, um darauf zu antworten und mein Honorar festzusetzen.

Scheint, als brächte jeder Tag neue Probleme. Meine Augen lassen nach. Und täglich habe ich einen Umschlag für Dich adressiert und frankiert – aber keinen Brief!

Hol's der Teufel! *Du kommst zuerst.* Ich darf das nicht vergessen. Bin neugierig, ob du den »scharfen« Brief schon hast, den ich Dir gestern schrieb. Vielleicht erscheint er Dir nicht so »scharf«. Du bist, glaube ich, anspruchsvoller als ich. Ich bin wirklich ein ganz Unschuldiger – ein Engel mit *gestutzten Flügeln.* (So hieß mein allererstes Buch – inzwischen längst verlorengegangen.) Komisch, nicht? Natürlich hatte ich keinen *Engel* drin. Hab vielleicht nicht mal an einen gedacht – außer im Unterbewußtsein.

Was nun die Heiligen angeht, sowohl männliche wie weibliche. Irgendwie assoziiere ich mit ihnen immer heftige sexuelle Begierden. Darum war ihr Kampf mit dem Fleisch so »heroisch«. Kannst Du mir folgen?

Und ich, auf meine alten Tage, da ich dachte, ich hätte dieses Problem gelöst, merke, wie's wieder aufflammt. *Aber* ich hatte mir vorgenommen, Dir übers Schreiben zu schreiben. *Deines* und das Schreiben im allgemeinen.

Eins der ersten Dinge, die man erkennen muß, wenn man ein *ernsthafter* Künstler sein will, ist, daß es in der Kunst keine Regeln gibt. Alles sonst unter der Sonne hat welche, nur die Kunst nicht. In der Kunst *bist Du frei*, vorausgesetzt, Du folgst dem Gebot Deines Herzens und nicht dem Verstand. (Weißt Du irgend etwas über den Dadaismus? *Das* war wirklich ein Schlager! Leider ist er beim Publikum nicht *angekommen.*

Hatte mit »Clowns und Engeln« zu tun, mit Idioten, Verrätern und Schurken. Es war, als würde man wieder zum Kind, aber zu einem *widerspenstigen*. Ich muß immer dran denken, wie sie Dich in Biloxi ins Kloster gesteckt haben. Heute verstehst Du Dich schon ein bißchen darauf, Kompromisse zu schließen, aber man spürt noch immer die Rebellin in Dir. Und eine Menge anderer Dinge dazu.)

Wie Du es nur anstellst, Deinen Sexualtrieb zu unterdrücken, ist mir nach wie vor ein Rätsel.

Zurück zur Schreiberei ... Brenda, Literatur ist wie Musik, Malerei oder irgendeine andere Kunst. Du mußt die ganze Zeit über Du selbst sein. Das bedeutet: keine frühzeitigen Erfolge. Im Gegenteil, Du wirst all die Fallstricke und Fußangeln wiederfinden, die Du vom Fernsehen her kennst. In allem, sei es Kunst, Liebe oder was auch immer, spielt das *Schicksal* eine gewisse Rolle, ich würde sagen, sogar eine ziemlich große. Lerne, das Schicksal zu kultivieren, es auf den ersten Blick zu erkennen. Bestürme nicht Deinen Astrologen. Erforsche lieber selbst Dein Herz und Deinen Geist. Folge Deinem Instinkt. Und denk dran (ich bin sicher, Du tust es!), daß *Erfolg* Opfer verlangt. Erfolg, obgleich Du ihn für das Ziel hältst, ist Dein größter Feind. Ich würde sagen: »Versuch nicht, die Nummer 1 zu sein, sei einfach, *was Du eben bist*. Sei es ganz und gar und immerzu.«

Nun, da hast Du's. Klingt ein bißchen nach Bergpredigt. Du weißt, obwohl ich weder Christ bin, noch Jude oder Mohammedaner, finde ich gewisse Dinge (religiöser Natur) sehr sinnvoll. Dein Frühstadium der Heiligkeit hast Du nicht völlig eingebüßt. Möge sie Dich beschützen und Dir kein Fluch und Hemmschuh sein. In meinen Augen bist Du pures Gold. Besser noch, Du bist aus einem himmlischen Elixir, mit Lehm vermischt. Du brauchst Dir keine Sorgen zu machen, ob Du's »zu was bringst«. Das hast Du schon, jetzt und für alle Zeiten.

Genug! Ich bin halb blind, soviel habe ich heute gelesen. Hoffentlich sehen wir uns am Donnerstag – im Fudschi

Gardens. Fudschi steht für *Fudschijama*! Tschau, ich wünsche Dir Freude, Sinnlichkeit und Erhabenheit, alles in einem!

Dein engelsfrommer Anbeter
*Henry*

## BRIEF AN GELIEBTE

Bei Liebesbriefen bist Du die Größte! Unvergleichlich – *ausgezeichnet*!

Meine Liebste, ich habe mich heute dauernd gefragt (zwischen Briefen), wo Du den Tag verbracht hast. Hoffentlich in den Armen Neptuns und nicht in denen eines Filmstars.

Ich sehe Dich im Wasser, eins mit Neptun, wie er seine sanften Wellen jeden Zoll Deines Körpers küssen läßt. Und Du genießt es – trunken vor Freude, Glamour und Glyzerin.

Wie herrlich wäre es, wenn ich nur neben Dir schwimmen könnte oder auch auf Deinem Rücken! Als Du mir erklärtest, Du könnest die wunderhübsche japanische Bluse nicht tragen, die Paul Dir geschenkt hat, war ich total verblüfft. Zu zarte Haut. Und doch erträgt sie blaue Flecken, Schrammen, Schläge, Knochenbrüche und was sonst noch alles. Du bist körperlich ein *Oxymoron*. Und obendrein eine Draufgängerin.

Ich träume immer davon, wie herrlich es wäre, eine Nacht lang nur neben Dir zu liegen. Wie ein Traum, der in Erfüllung geht. Und so ist es also wahr, Du liebst mich. Hast es immer getan – von Ewigkeit an. Es ist so unvorstellbar schön. Ich könne mich selbst umarmen. Du hast Dich ein bißchen verändert, seit ich Dich kenne. Dein wahrer Charakter kommt deutlicher zum Vorschein; Du bist sozusagen ungezwungener im Umgang mit mir, auch wenn das komisch klingt. Du hältst Dich gut. Du scheinst gegen die meisten weiblichen Anfälligkeiten immun zu sein. Nicht, daß Du männlich wärest. Nein, aber Du weißt, was Du willst, kennst Deine Eigenheiten, Schwächen und Stärken. Und Du bist in

der Regel phantastisch gut gelaunt. Fühlst Dich meist weich an – und bist *très touchable*.
Ich habe bei Tisch meine ersten Eindrücke von der Heimat meiner Vorfahren geschildert: Minden an der Weser, Deutschland. Wie ich, als ich diesen Geburtsort des Vaters meines Vaters sah, zu mir selbst sagte: »Wie konnte er nur dieses schöne Dorf gegen Amerika eintauschen!« (Aber beide Großväter wanderten aus Deutschland aus, um nicht Soldat werden zu müssen.) Und die Enkel sind ihrem Beispiel gefolgt. Allah sei gepriesen!
Meine Liebe, ich hoffe, Du wirst mir verzeihen, wenn ich hier abbreche. Ich bin wirklich geschafft. Alles, was ich noch anfügen will, ist, daß ich Dich jeden Tag mehr und mehr liebe. Kriege nie genug von Dir, meine zärtliche, elegante Haremskönigin. Lies *Die Entzauberten* weiter. Du wirst damit reifen und Tiefe gewinnen und noch mehr zu dem werden, was Du schon bist.

Dein Geliebter
*Henry*

*Samstag, 23. Juni 1978*

*Liebste Brenda,*

da Du zu glauben scheinst, ich könne Gedichte schreiben, nehme ich mir die Freiheit, Dir ein weiteres zu schicken. Ich hab's gestern abend gemacht, nach dem Anruf bei Dir.
Den Anstoß dazu gab Cendrars *Pâques à New York* – »Ostern in New York«, als er dort Hunger litt – und ich gleichzeitig, obwohl ich damals nichts von ihm wußte. Wenn ich an Feiertage denke (wie den bevorstehenden 4. Juli), muß ich Dir gestehen, daß ich, seit ich erwachsen bin, an jedem Feiertag des Jahres blank war, zu Weihnachten, Neujahr, Ostern, am Tag der Arbeit, Muttertag, Vatertag, etc., etc. Erst in den letzten zehn Jahren habe ich, so könnte man sagen, wie ein

normaler Mensch gelebt. Das heißt, mit 3 Mahlzeiten pro Tag. Jetzt sind's nur mehr *zwei* – aus eigenem Entschluß.
Gib acht, daß ich Dich nicht eines Tages aufesse, wenn ich wieder hungrig bin.
Du fehlst mir mit Leib und Seele, wenn Du nur wüßtest, wie sehr! Es wird eine Wonne sein, Dich am Sonntag zu sehen.
Laß uns richtig schlemmen und schwelgen!
Liebe und Küsse und alles, was sie beinhalten – auf immer und ewig!

*Henry*

*22. Juni 1978*

## ZUM ANDENKEN AN BLAISE CENDRARS

O Jesus, wenn Du kein Mythos bist
Wenn Du einst auf dieser Erde wandeltest
Und den Planeten mit Deiner Reinheit und Sanftmut
erschüttert hast
Wenn Du noch immer unter den Toten weilst
Wenn Du noch einen Funken Zauberkraft besitzt
Dann richte Dein Augenmerk auf diese elenden Bürger einer
verderbten Welt
Eine Welt der Macht und der Gewalt mit Namen Amerika
Richte Dein Augenmerk auf die armen Schwarzen, die
unterdrückten Mexikaner
Die Künstler, die sich vergebens abmühen
Sag, es gibt ein Morgen
So wie es ein Gestern gab
Sag mehr – singe von der Ewigkeit
Keiner Ewigkeit der Erlösung
Sondern des Lebens, eines Lebens bis zum Äußersten
In dem weder Macht von Bedeutung ist
Noch Pietät oder Schwäche

Dafür aber die schöpferische Kraft, in deren Händen der
Künstler ruht
Sag, daß er die Auferstehung bewirken kann und wird
Nicht die der Toten, sondern des ewigen Geistes
Der die Vögel singen lehrt
Die Blumen, uns zu bezaubern,
Himmel und Sterne zu blenden
Gib es uns alles unversehrt zurück
Wie es kam aus den Händen des Schöpfers!

*Henry Miller*

*9 Uhr abends, Montag*

*Liebe Brenda,*

eins von den Wörtern, die Mathieu auf eine große Karte schrieb, bevor er ging, heißt ENANTIODRÒMOS oder der Prozeß, durch den eine Sache sich in ihr Gegenteil verkehrt – wie Liebe in Haß, Schönes in Häßliches, etc.
Seit ich um 8 Uhr 30 zu Bett gegangen bin, liege ich hellwach, und in meinem Kopf jagen sich die Gedanken. Fing mit Musikern an – Komponisten. Solche, die ich mag, und solche, aus denen ich mir nichts mache, wie etwa Bach, Beethoven und Mozart. Weckte Erinnerungen an Ravels »Gaspard de la Nuit«, eines meiner besonderen Lieblingsstücke, wie Hamsuns *Mysterien*. Im Bett kam mir der Gedanke, wer die größte Persönlichkeit in der europäischen Geschichte war – Gilles de Rais, der weiße Ritter, der Jeanne d'Arc in der Schlacht von Orleans rettete und sich dann, nachdem sie auf dem Scheiterhaufen verbrannt worden war, in ein Ungeheuer verwandelte, Kinder schändete und sie ermordete (er rottete die Jugend ganzer Dörfer und Städte aus). Als das Gericht ihn für schuldig befand, kniete er in all seinem Staat nieder und bat die Zuschauer (die meisten davon Eltern der Kinder, die er umgebracht hatte) – und bat sie, *für seine Seele zu beten*!

Dann der wunderbarste Mann Europas – der Heilige Franziskus von Assisi (der sowohl Atheisten wie Fromme zu seinesgleichen zählte).
Und das größte Kunstwerk, nach meiner Ansicht, das Triptychon »Das mystische Lamm« von van Eyck in der Genter Kathedrale.
Aber genug! In meinem Kopf dreht sich alles vor lauter Namen und Taten! Gute Nacht, mein Engel.

*Henry*

*30. Juni 1978*

Und nun, meine sizilianische Schöne, kommen wir zu *Dir*, der Unvergleichlichen, dem zukünftigen Star, der tollen Frau! Habe grade einen langen, *vernünftigen* (mitfühlenden) Brief an einen alten Pariser Freund abgeschickt, der mir ein Büchlein mit Reproduktionen seiner Bilder und mit Texten von mir, André Breton et alia geschickt hatte. Ich war sehr gerührt. Er schrieb, er habe letztes Jahr seine Una (seine Frau) verloren – noch eine *lange* Ehe. Sagt, er fühlt sich einsam und arbeitet *weniger*, aber wohnt in einer Mühle in der Champagne. Und das, nachdem er den größten Teil seines Lebens wie ein Hund gelebt hat, immer kämpfen mußte: um ein Stück Brot, einen Korridor zum Schlafen (auf dem nackten Fußboden), einen Käufer für ein Bild; schlug sich als Touristenführer durch und mußte furchtbar viel grauenhaften Scheiß schlucken.
Seine Bilder gehören *nicht* in unsere Zeit – sondern sind Erinnerungen an seine Jugend in Bessarabien (Rumänien). Bilder von Vergewaltigung, Mord, Trunkenheit, Wahnsinn, Gott weiß was alles. Ich erinnerte ihn an meinen und Junes Besuch (1927 oder 28) in Czernowitz (Rumänien, an der russischen Grenze). Alles so voller Fliegen, daß bei den Mahlzeiten zwei Söhne sie mit Fächern von unseren Speisen

verjagen mußten. Dann die Verrückten, Idioten, Huren, gierige Kaufleute in rauhen Mengen. Erinnerungen, Erinnerungen!!! Aber dann schrieb ich ihm, wenn er sich einsam fühlt, solle er an die Sterne denken, an Kaninchen, Feldmäuse, Läuse und Küchenschaben und an Gras und Blumen – alle Teil des Universums wie wir. Und doch hören wir nie von ihrem Leiden oder ihrer Einsamkeit.

Dann schrieb ich ihm, was für ein Glückspilz ich sei, weil ich *Dich* habe – wie unfaßbar, so ein Segen Gottes. Ja, liebe Brenda, jeder Brief, den Du mir schreibst, zeigt mir, wie alles immer wunderbarer wird. Du bist mein Lebenslicht – von Kopf bis zum Zehennagel. Jeder Teil von Dir ist mir lieb und teuer, einschließlich jener, die »défendus« sind!!! Du sagst, daß Du recht oft von mir träumst – wie, in welcher Beziehung, das interessiert mich.

Ich fühle mich dir so nahe, jetzt, da die Feiertage uns noch ein Weilchen länger trennen werden. Manchmal könnte ich Dich einfach ausziehen und von Kopf bis Fuß ablecken. Im Schlaf fahre ich mit den Händen über die Kurven Deines Körpers – welch ein erregendes Gefühl! Als ob man Meister im Klavierspiel wäre (Czernys Fingerübungen.)

Hoffentlich achtest Du auf Deine Gesundheit und *ißt regelmäßig*. Mir scheint, Du fastest zuviel. Woher nimmst Du bloß all Deine Energie? Kommt bestimmt nicht einfach durchs Abschalten der Sexmaschine? (Ist Dir aufgefallen, daß nach indischer Auffassung Sex ohne Ejakulation große Kraft verleiht?) Seltsam, daß auch Sex ein Weg zu Gott oder zur Befreiung sein kann! Erinnerst Du Dich an Hesses *Siddhartha*? Weißt Du noch, was Siddhartha antwortete, als sein zukünftiger Dienstherr ihn fragte: »Was kannst du mir nützen, Du, ein Waldmönch?« Und S. erwidert: »Ich verstehe mich auf dreierlei: Ich kann denken, ich kann warten, und ich kann ohne auskommen.«

Letzteres ist das Großartige. Wenn wir das beherrschen, haben wir's geschafft, *n'est-ce pas*?

Du hast es alles im voraus geschafft, mein Liebling. Es ist

grade so, als ob Du darauf wartest, ein neues Gewand anzuprobieren! Halt dran fest! Gib nie auf, außer um *auszuruhen*! Ich liebe Dich über alle Maßen.

Laß es Dir gut gehen und gib auf Dich acht!

*Henry*

*1. August 1978*

*Darling, Darling,*

ich muß Dir sofort schreiben! Dein Brief war phantastisch – hat *all meine Erwartungen in Dich* erfüllt! Einfach, offen, wahr, aufrichtig – und solch große Liebe. Du beschämst mich, den Schriftsteller. Du schreibst mit Deinem Herzblut, ich mit Tinte.

Ich kann mir alles vorstellen, was Du in der Traumsequenz andeutest. Es wäre überwältigend, wenn irgendwas davon Dir jetzt passierte.

In anderer Hinsicht . . ., als ich vom Schreibtisch aufstand, spürte ich die Rückseite meines Oberschenkels. Er fühlte sich so stark an – ich konnt's nicht glauben, daß ich es bin. Sogar was die Glieder angeht, besteht eine Verbindung. Wir sind zwei physio-spirituelle siamesische Zwillinge.

Diese Karte war eine *Loulou*! Du bist ein Renoir aus seiner schönsten Periode. Daß ich verrückt nach Dir bin, versteht sich von selbst.

Mit all meiner Liebe und Zuneigung

*Henry*

P. S. Dies klingt so banal neben Deinem – *aber die Liebe ist da!*

*2. August 1978*

*Geliebte, schöne Brenda,*

hoffentlich sehe ich Dich morgen. Habe eben nochmals Deinen Brief gelesen. Du fragtest nach einem Wort – *emanieren*, glaube ich. Man könnte von Dir sagen, daß ein unnennbarer Duft von Dir *emaniert*. Mit anderen Worten, von Dir *kommt* oder *ausgeströmt wird*. Dein Körper besteht ganz aus Honig und Parfum – und Freiheit und Verführung und Lockung und Gott weiß was alles. Du bist aus duftenden Essenzen geschaffen, aus solchen, wie sie in besonders heiligen Tempeln verwandt werden, in denen es aber Betschwestern gibt, die Tempelhuren sind. Die besorgen einem einen »religiösen Fick« – kannst Du Dir das vorstellen? Wenn Du davon erzählst, wie Du als Mädchen ins Kloster wolltest, dann kommt es mir so vor, als sei bei diesem Deinem erhabenen Wunsch auch eine Spur Sinnlichkeit im Spiel gewesen. Das kirchliche Ritual ist manchmal sehr erotisch. Und so bist auch Du – eine in Sinnlichkeit getauchte Jungfrau. Das ist die »chemische Zusammensetzung«, die Du in Deinem Brief erwähnst. Du bist wie eine Blume, die sich gerade entfaltet, gleichzeitig aber schon voll erblüht ist. (Deine Klitoris ist immer aktiv). Beim Wiederlesen Deines Briefes heute spüre ich seine Wirkung nicht nur in meinen zärtlichen Regionen, sondern auch in den Geschlechtsteilen.
Ich muß hier unterbrechen, um Dir zu erzählen, daß ich heute morgen gegen 4 Uhr aufwachte und ganz stark das Gefühl hatte, ich würde sterben. Ein paar Stunden später entdeckte ich den Grund für diesen düstern Gedanken. Mein Internist hatte meinem Scheidungsanwalt einen Brief geschrieben (auf Bitten des letzteren hin), in welchem er dem Gericht darlegte, warum ich nicht vor Gericht erscheinen könne oder dürfe – bei der endgültigen Urteilsverkündung am 7. Aug. Er schilderte meinen Zustand so drastisch, daß die Nachwirkung bei mir um 4 Uhr morgens einsetzte. Was den Ausschlag gab, war sein Postskriptum: »Auch besteht keinerlei Hoffnung auf

Besserung seines Gesundheitszustandes.« *(Das war für den Richter!)* Aber es ist wohl tief in mein Unterbewußtsein eingedrungen.
Und wie um dagegen anzukämpfen, dachte ich an Dich und daran, wie gesund ich scheine, seit wir uns ineinander verliebt haben.
Und ehe ich mich's versah, hatte ich eine Erektion – und Du hieltest ihn in Deiner Hand – mit Vergnügen. *Alors, c'est la* chemische Zusammensetzung, *n'est-ce pas*?
Ich will hier aufhören, ehe das Papier zu qualmen beginnt!!!
Ich liebe Dich mit jener unheiligen Liebe wie Heloïse sie für Abelard empfand.
Erinnerst Du Dich an ihren Brief: »Ich wünschte, ich würde meinen Gott so lieben wie Dich!«

*Henry*

*8/8/78*

*Brenda, Darling*

ich hoffe, Du wirst mir verzeihen, aber ich bin nahe dran, Dir einen Brief zu schreiben, der Dir vielleicht mißfallen wird. Ich werde nochmal drüber schlafen, ehe ich ihn schreibe. Er handelt von Sex. Ich kann mich einfach nicht länger zurückhalten. Ich mag klingen wie ein Teenager oder aber wie ein »alter Lustmolch«.
Du hast einmal gesagt, ich könne alles tun oder sagen, was ich wolle – Du würdest niemals beleidigt sein. Ich hasse es, Dich auf die Probe zu stellen. Meine Liebe hat sich in keiner Weise gewandelt – sie ist bloß in diese irre sexuelle Richtung hin gediehen – Ergebnis Deiner Provokation, göttlicher Schönheit und Sensibilität.
Ich bete darum, daß Du mich verstehen und mir verzeihen mögest, selbst wenn ich die Grenze überschreite.
Aber vielleicht schreibe ich auch *nicht*.

Vielleicht unterdrücke ich es und unterwerfe mich der absoluten Keuschheit.

Dein geliebter
*Henry*

P. S. Vielleicht könntest Du mir in Deinen Träumen antworten??

*Geliebte Brenda*,

ich bin todmüde. Würde liebend gern zurück ins Bett gehen und den Traum weiterträumen, den ich letzte Nacht hatte – einen der lebhaftesten und erregendsten meines langen Lebens.

Er handelte von *uns*. Wir waren bei irgend jemand in der Wohnung, und wir lagen auf einer breiten Couch, angezogen. Ein paar Meter weiter waren ein halbes Dutzend Leute, die fröhlich feierten, uns aber nicht zu bemerken schienen, oder uns zumindest nicht störten.

Wir schliefen oder dösten oder taten so, als ob wir schliefen – schwer zu entscheiden. Ich erinnere mich, daß ich jetzt die Augen aufmache und Dich ansehe, und Du siehst immer noch aus, als schliefest Du friedlich, doch ich weiß instinktiv, daß Du Dich verstellst. Du hast so getan, als schliefest Du, damit ich meinen Streifzug fortsetzen konnte. Du hattest ein schwarzes, sehr dünnes Kleid an und rein gar nichts drunter. Du sahst so schön aus und so unschuldig wie auf jenen ersten Fotos, die Du mir geschickt hast – wo nur Dein Kopf drauf war. Ich hatte einen Arm um Dich und unter Dir, und weil Dein Kleid verrutscht war, lag meine Hand auf Deinem bloßen Hintern. Du machtest keinerlei Anstalten, sie zu vertreiben.

Scheinbar endlos lange tastete die andere Hand sich sehr langsam, sehr sanft, sehr vorsichtig an Deine Möse heran. Sie

bewegte sich kaum; schob sich nur zentimeterweise vor, bis sie zu einem Dickicht aus Haaren kam, ähnlich einem schottischen *Sporran*. Inmitten dieses Dschungels lag natürlich Deine Möse, mit der ich Verbindung aufzunehmen versuchte.
Ich betone die Langsamkeit und das vorsichtige Manövrieren, weil es das war, was die Situation so lustvoll machte. Manchmal war mir, als wachte ich auf und dächte bei mir: »Das ist unglaublich. Ich muß träumen«, und dann pirschte ich mich tiefer in den Traum zurück und näher an jene Spalte, nach der mein Finger tastete. Und nun mußte ich mehr den je auf der Hut sein, mich vorsehen, damit Du nicht plötzlich erwachtest und zu schreien anfingst: »Was zum Teufel machst Du da?« (Wie manchmal, wenn wir vom Restaurant zurückkommen und Du eilig fortrennst und nur sagst: »Ich muß nach Hause«, so als seiest Du zu lange ausgeblieben oder als warte jemand (ein Liebhaber?) auf Deine Rückkehr.
Inzwischen, während ich so an Dir rumspiele, hat die Sensation, daß ich Dich so zu betasten wage, meine Gefühle gesteigert *und* mein Verlangen, Dich zu nehmen – in diesem traumähnlichen Zustand.
Dann kam der kritische Moment, als meine Finger die Lippen teilten und auseinanderschoben. Ich war mittlerweile völlig außer mir. Du hattest Dich nicht den Bruchteil eines Zentimeters bewegt. Deine Augen waren nach wie vor geschlossen, Deine Miene heiter oder engelhaft, und was für eine Möse spürte ich – endlich mit zwei oder drei Fingern. Sie war ungemein feucht, weich wie Samt, und obgleich Dein Körper reglos blieb, war Deine Möse sehr lebendig, sehr aktiv, sehr, sehr verführerisch. Ich erinnere mich, wie ich momentan tatsächlich wach wurde, dann aber absichtlich in den Traum zurücksank und zu mir sagte: »Mach das Beste draus!«
Und dann wurde mein Schwanz, der wahrscheinlich bisher träge vor sich hingedöst hatte, mit einemmal steif und fing gleichzeitig an, weh zu tun, weil die Erektion so urplötzlich kam. Jetzt kam der riskanteste Augenblick überhaupt. Wage

ich es, meine Pracht reinzustecken, oder würde Dich das auf jeden Fall zum Bewußtsein bringen? Anfangs gestattete ich mir nur, in die Vorhalle einzudringen. Dann, als Du keine Bewegung machtest, beschloß ich zuzustoßen – und das tat ich auch. Jetzt reagierte Dein Körper. Du krümmtest den Rükken, wie um tieferes Eindringen zu gewähren, und fast unmerklich fingst Du an, Dich in unverkennbar geilem Rhythmus auf und ab zu bewegen.
Als ich gerade abgehen wollte, weckten uns unsere Freunde, die uns eben entdeckt hatten, und erklärten uns, es sei schon spät und alle gingen heim.
Ich erinnere mich, wie Du meinen Schwanz mit einem Seufzer und einem sehr sanften, feuchten Kuß freigibst und dabei stammelst: »Zu schade, zu schade. Grade als es richtig geklappt hat.« Deine Worte setzten mich in Erstaunen. Was! Meine Brenda redet so? Dann fickt sie also doch gern! Und das, meine liebe Brenda, war also der Kern des Traums. Ich hoffe, Dir macht's beim Lesen ebenso viel Freude, wie mir der Traum beschert hat. Ich gehe jetzt wieder zu Bett, in der Hoffnung, die Stimmung, die Szene, die Atmosphäre wieder einzufangen. Ich will versuchen, von Semiramis zu träumen, der Königin, die ganz Europa und Teile Asiens erobert hat. Wurde am Ende von den Indern geschlagen, andernfalls hätte sie die gesamte damals bekannte Welt erobert!!! Was Du, wie ich weiß, insgeheim auch tun möchtest, aber mit Deinem Talent und nicht mit der Möse. Doch die letztere sollte man nicht ignorieren oder gar verachten, wenn man sieht, wieviel unvorstellbare und unschuldige Lust sie uns gewährt. Was meinst Du, o meine Königin?
Hier noch einmal und immer all meine Liebe, Ergebenheit und Hingabe.

*Henry*

*Donnerstagabend, 15/9/78*

*Du meine Liebste,*

bin aufgestanden, um Dir ein paar Zeilen zu schreiben. Kann nicht schlafen. Hoffe, daß Charles oder sonst jemand sie Dir morgen zusammen mit dem Stock vorbeibringt.
Es hat mich wahnsinnig gefreut zu hören, daß Du wieder auftreten kannst, aber mich schmerzt der Gedanke, welche Qualen diese kleine Anstrengung Dir bereiten muß. Deshalb der Stock.
Heute habe ich mich aufgerafft und zwei Aquarelle gemalt – werde erst in ein, zwei Tagen wissen, ob sie mir wirklich gefallen oder nicht. Ich hätte noch zwei machen können, wenn ich noch zwei Blöcke gehabt hätte. Es ist jedesmal ein Abenteuer, wieder Kreativität zu entwickeln, nachdem sie eine Weile brachgelegen hat. Man kriegt ein Gefühl dafür, was ein Regenguß in einem trockenen Blumenbeet bewirkt.
Darling, bitte laß Dir Zeit mit dem schlimmen Fuß. Sei nicht leichtsinnig! Beweg Dich nicht zu schnell, und vor allem, fahr noch nicht Auto! Entschuldige, daß ich so zu Dir spreche, aber ich weiß, wie ungestüm Du bist.
Weißt Du, daß Ionesco vom Absurden Theater in der Stadt ist? Hast Du mal eins seiner Stücke gesehen? Das, welches sie jetzt spielen, gehört zu den weniger interessanten: *Die Nashörner*. *Die Stühle* ist ein wunderbares Stück, aber selten aufgeführt.
Ich traf ihn eines Tages im Haus meines Verlegers in einem Pariser Vorort. Er ist ein rumänischer Jude, recht humorvoll und ein guter Erzähler, aber zurückhaltend, wenn die Rede aufs Theater kommt.
Heute bekam ich einen sehr netten Brief von Isaac Singer – habe ich Dir, glaube ich, schon erzählt.
Langweile ich Dich?
Laß uns über *Dich* reden. Wie reizend, wie schön, wie außerordentlich anmutig und charmant. Wie betörend! Wie einzigartig! Irving Stettner war vor kurzem in Atlanta und New

Orleans und hat versucht, seinen *Stroker* zu verkaufen. Sagte, es sei hinreißend, wie Ladenbesitzer und Angestellte da unten reden. Er war ganz begeistert. Sandi hat zwei von seinen Aquarellen gekauft – sehr stimmungsvoll. Aber er wirkt ausgemergelt; Brust eingefallen, buckliger Rücken. Weiß, wie man sich durchschlägt – kein Geld für Taxis, also machte er alles mit dem Bus oder zu Fuß. Ein liebenswerter Bursche.

Morgen abend (Freitag) steigt der Ali-Spinks-Kampf. Ali sagte gestern: »Stell dir vor – Sitzplätze zu $200 pro Nase. All diese weißen Bonzen blechen so viel Geld, bloß um zwei Nigger boxen zu sehen!« Ich hoffe sehr, er gewinnt. Er ist der imposanteste Typ von der Welt. Ein Nigger, der sich gegen all diesen Scheiß aufgelehnt hat, den der weiße Mann verzapft. Bravo! Sogar ein Südstaatler muß ihn mögen. Und wenn er vom Propheten spricht, sagt er jedesmal »Mohammed, der Araber« im Gegensatz zu Muhammed Ali.

Doch ich schweife ab. Weil mir das Zusammensein mit Dir fehlt, die Möglichkeit, Dich zu berühren, Deinen Duft einzuatmen. Oder sollte ich sagen, wie's die Franzosen von ihren Spitzenweinen tun: »Dein Bukett?«

Was für ein Bukett Du morgen auch immer bekommst – ich hoffe, es wird Dir gefallen. Wünschte, ich könnte es persönlich überbringen. Hatte heute eine sehr deutliche Vision, in der ich mich *chez vous* wähnte und Du im Bett lagst und ich mich über Dich beugte und Dich küßte. Sehr echt, sehr intensiv.

Jetzt aber genug. Nehme an, du schläfst schon tief. Träume tief und weit und hoch!

Mit all meiner Liebe
*Henry*

*Donnerstag, 16/9/78*

*Liebste Brenda,*

ich probiere gerade eine neue Lesebrille aus, merke aber bisher keinen großen Unterschied zwischen dieser und der alten.

Irving Stettner hat mir ein Buch über amerikanische Ortsnamen geschickt, und ich habe darin Orte wie Biloxi, Pasca, Pensacola, Monongahela etc. nachgeschlagen. Wenn es zufällig ein indianischer Name ist, schreibt er nur »hergeleitet von einem indianischen Stammesnamen« – gibt nicht immer an, was das indianische Wort bedeutet. Ich habe Hattiesburg nachgeschlagen – benannt nach der Frau eines Mannes namens Hattie Hardy, glaube ich – Stadtgründung war 1880 – noch nicht sehr lange her.

Stettner schrieb mir gleich nach seiner Rückkehr nach New York. Er hat die Fotokopie bekommen, die ich ihm von Deinem Aquarell schickte. Er schwärmte davon. Bin fast versucht, Dir seinen Brief zu schicken. Er ist wirklich ein verständnisvoller Mensch.

Abgesehen von Deiner Schönheit spürte ich gestern abend, wie stark Du bist, sowohl körperlich wie moralisch. Wie rasch Du Dich von diesem oder jenem erholst. *Und* wie ausgeglichen Du bist. Ich glaube nicht, daß ich je erleben möchte, wie Du in Wut gerätst. Hast Du je bemerkt, wie häßlich Menschen aussehen, wenn sie zornig sind? Wenn *ich* die Beherrschung verliere, habe ich das Gefühl, mir untreu geworden zu sein.

Aber es gibt Leute, die es verstehen, einen zu provozieren – mit denen fertig zu werden, ist ein ewiges Problem. »Die andere Wange hinzuhalten« ist bestimmt nicht die Lösung. »Den Teufel mit Beelzebub auszutreiben« auch nicht. Die Karatemeister scheinen es am besten zu können. Sie lachen entweder oder wenden sich wortlos ab. Wenn man sie angreift, geht's hopphopp, und ihr Gegner ist erledigt. Aber die wichtigste Lehre im Karate heißt Frieden um jeden Preis.

Doch nur die Starken, die Abgehärteten können danach handeln. Was meinst Du dazu?
Du hast mich gestern abend gefragt, ob ich glaube, der Erfolg würde sich einstellen, wenn Du aufhörtest, um ihn zu kämpfen. Ich wiederhole: Ja, weil immer irgendwas uns zu erreichen versucht, aber wir sind es (durch unsere Unwissenheit), die diese Anstrengungen von seiten Gottes, des Schicksals oder was auch immer blockieren. Glaube *ist* das ganz Große. Man muß glauben, selbst wenn alles schief zu gehen scheint. Dann ganz besonders. (Diese Große Frau, Mary Baker Eddy, war nicht dumm. Glaube mag nutzlos sein, wenn es darum geht, Pickel zu kurieren oder ähnliches. Aber er wirkt bei den Dingen, die entscheidend sind.)
Ist *alles* entscheidend? Ja! Kleinigkeiten sind oft wichtiger als die scheinbar wichtigen Dinge. Verstehst Du, was ich meine? Wenn unser Glaube stärker wäre, würden wir uns nicht so mächtig ins Zeug legen, wir hätten mehr Vertrauen, wären *gelassener*.
Und meines Erachtens ist Gelassenheit wichtiger als Glück. Glück ist ein sehr überbewerteter Begriff. Freude ist das Wahre – oder Wonne. Dieses Im-Siebten-Himmel-Gefühl. Einverstanden?
Warum schwadroniere ich so drauflos? Vermutlich, um mir selbst eine Lehre zu erteilen.
Wir sind wirklich schnell nach Hause gekommen, gestern abend. Es war erst 9 Uhr, als ich mich auszog und Du schon auf dem Heimweg warst.
Aber genug. Gib acht auf Dein Füßchen und sei einfach Du selbst!

Liebe in excelsis!
*Henry*

*29. September 1978*

*Meine geliebte Brenda,*

seit ich gestern abend nochmals Deinen *wundervollen* Brief gelesen habe, ist mir, als hätte ich Welten durchquert. Zuerst schrieb ich Dir einen Anwortbrief (im Kopf), wobei ich mich total verausgabt habe. Ich habe die ganze Nacht kaum ein Auge zugetan. Ich wachte auf und stellte mir vor, wie Du Deine Reise vorbereitest. Ich dachte an Sonntag und wie Du mir fehlen wirst, war aber doch froh, einen zusätzlichen Ferientag vorgeschlagen zu haben. Und zwischendurch dachte ich an Deinen gebrochenen Spann und daran, wie leichtsinnig Du damit umgehst. Ich spüre den Schmerz jedesmal, wenn Du mit dem linken Fuß auftrittst.

Heute im Bett habe ich mich an Deinen Ausruf erinnert – an der Tür, als wir uns umarmten. Du hast mehrmals wiederholt: »Wie gut du dich anfühlst!« Das blieb mir im Gedächtnis, und heute früh dämmerte mir, *warum* Du so geschwärmt hast! Weil ich fast nackt war und wir uns noch nie so berührt hatten. Es war Fleisch auf Fleisch – und Du hast die volle Wirkung gespürt. Seltsamerweise hatte ich in dem Moment keine erotischen Gedanken. So glücklich war ich, Dich nur lebendig und sprühend vor mir zu sehen. Aber im Nachhinein erinnere ich mich jetzt an die Berührung mit Deinem linken Schenkel und der rechten Brust (durch Zufall).

*Fini tout cela.* Reden wir von etwas anderem.

Als ich heute meinen Tee trank (statt Lunch), nahm ich mir ein Buch vor, das Sara mir zum Lesen dagelassen hatte – es war eine Bildbiographie von Hermann Hesse, den Du, glaube ich, gelesen hast. Ich saß ohne Brille da und betrachtete ein Foto nach dem anderen. Das ganze Leben dieses Mannes zog vor meinen Augen vorbei – all die Orte, an denen er gelebt hat, seine vielen, vielen Freunde (Freud, Rilke, C. G. Jung). Dann begann ich, sein eigenes Vorwort zu dem Buch zu lesen und war völlig hingerissen. So vieles ähnelt meinem Leben. Vor allem seine Unfähigkeit, sich der Welt anzupassen, sein

Haß auf Lehrer und Pfaffen, sein Rebellentum, sein scheinbar nutzloses Forschen und Suchen, bis er sein erstes Buch geschrieben hatte. (Bei mir war es das vierte, *Wendekreis des Krebses*). Er gibt sogar seine astrologischen Merkmale an, und wie ich berichtet auch er, daß er einen günstigen Jupiter hatte. Aber außer all diesen Fakten und Übereinstimmungen und darüber hinaus tauchte ich ein in die Welt der Kultur, der *wahren* Kultur! Ich durchlebte noch einmal mein ganzes Leben, mit all seinen Kümmernissen, Nöten, Mißgeschicken, Glücksfällen, großen Freundschaften, gescheiterten Liebesaffären, Vater-und-Sohn-Beziehungen, etc., etc. Ich dachte an manche meiner vergessenen Lieblingsautoren, wie Romain Rolland, Oswald Spengler, an den Verfasser von *Gegen den Strich*, die russischen Schriftsteller – alle miteinander, an Havelock Ellis, Sherwood Anderson *(The Triumph of the Egg)*, etc. etc. Mehr als die meisten Autoren, die ich gelesen habe, hat Hesse sich für die Kulturwelt eingesetzt. Er war nicht nur ein Rebell, sondern ein Kämpfer, ein Kreuzritter, ein Reisender im Geiste wie in der Realität, ein Mann, der das Leben liebte. (Ein deutsches Lied fällt mir ein – »Wer nicht liebt Weib, Wein und Gesang, der bleibt ein Narr sein Leben lang.«)

Und das wiederum erinnert mich an den Sängerbund, zu dessen Treffen meine Eltern mich mitschleppten, als ich erst sieben oder acht Jahre alt war. Wie gut erinnere ich mich an diese paar hundert Männer und Frauen, die da im Chor sangen; leidenschaftlich, hingebungsvoll, zärtlich sangen sie all diese Lieder, die ich nicht verstand. Es war, als spiele eine gigantische Orgel. Und dann spülten sie's mit reichlich Bier hinunter. Das ganze hatte eine fast religiöse Atmosphäre.

Und dann Big Sur – wo ich mich kurz nach meinem Griechenlandaufenthalt niederließ. Ich, der nie im Leben eine Hacke oder einen Spaten angefaßt hatte, mußte plötzlich einen Dschungel von Lacksumach roden, Gräben ausheben, um an ihre Wurzeln zu gelangen, Gemüse und Obstbäume ziehen. Ich, ein Junge aus Brooklyn, doch nun ein Dichter, im

Begriff, zwei weitere unglückliche Ehen einzugehen. Schön und verrückt.
Und jetzt, ein Mann von 87 Jahren, wahnsinnig verliebt in eine junge Frau, die mir die ungewöhnlichsten Briefe schreibt, die mich zu Tode liebt, die mich am Leben hält und bei der Liebe (zum erstenmal eine vollkommene Liebe), die mir solch tiefe und rührende Gedanken schreibt, daß ich glücklich und verwirrt bin, wie nur ein Teenager sein könnte. Aber mehr als das, dankbar, verbunden, glücklich. Verdiene ich wirklich all das schöne Lob, mit dem Du mich überhäufst? Du veranlaßt mich, darüber nachzudenken, wer ich eigentlich bin, ob ich wirklich weiß, wer und was ich bin? Du gibst mir Rätsel auf. Dafür liebe ich Dich nur um so mehr. Ich knie nieder, ich bete für Dich, ich segne Dich mit dem bißchen Heiligkeit, das in mir ist. Ich wünsche Dir viel Glück, liebste Brenda, und mögest Du diese Romanze mitten in Deinem jungen Leben nie bereuen. Wir sind beide gesegnet. Wir sind nicht von dieser Welt. Wir gehören zu den Sternen und zum jenseitigen Universum.
Lang lebe Brenda Venus! Gott schenke ihr Freude und Erfüllung und ewige Liebe!

*Henry*

*Donnerstagabend, 10 Uhr 45*

*Liebste, geliebte, glorreiche Brenda,*

es ist erst ein paar Minuten her, daß wir miteinander telefoniert haben. Ganz phantastisch von Dir, mich anzurufen. Gesegnet sei Dein liebes Herz!
Doch ich habe das Gefühl, daß wir nicht mit allem rausgerückt sind, was wir auf dem Herzen hatten. Ich habe mich wieder zurückhaltend geäußert, angeblich aus Respekt. Aber stimmt das? Ich weiß, Du kannst meine Gedanken lesen, und

ich spüre, daß es umgekehrt genauso ist. Warum nicht die Wahrheit eingestehen? Hättest Du nicht ein Gefühl, als wolltest Du mich sagen hören: »Ich glaube, ich könnte Dich zu Tode ficken?«

Diese *cinq à sept* (fünf vor sieben) Zeit in Paris ist gewöhnlich mit Sex verbunden. Man geht in ein Café, angeblich auf einen Aperitif, aber in Wirklichkeit schwimmt um diese Stunde die ganze Stadt in Sex (zusammen mit H. M. und seinen scharfen Geschichten).

Ja, liebe Brenda, obwohl es die reine Wahrheit ist, was ich am Telefon sagte – über Keuschheit und eine höhere Stufe der Liebe und all das –, ist trotzdem auch das Gegenteil wahr, daß ich mehr und mehr das Verlangen habe, Dich zu ficken, in diesen wunderbaren Körper einzudringen. Als ich Dich heute abend anschaute, war es, als sähe ich eine indische Göttin, eine aus einem Tempel der Liebe, wo Prostituierte Gott oder Krishna dienen oder wem auch immer. Wo es kein Gefühl für Sünde, Ehebruch oder das Böse gibt, wo alles eins ist.

Und Du bist dieses Eine, dieses Alles-in-allem, beflügelnde Lust, Keuschheit, Schönheit, Mut, Leichtsinn. Du bist *tatsächlich* aristokratischer geworden, in diesen letzten Tagen. Was wirklich erstaunlich ist, weil Du zur Zeit mit Geldangelegenheiten zu tun hast, Geschäfte machst! (Aber keine krummen.)

O Brenda, meine Liebe, meine Einzige, ich hoffe, ich bringe zum Ausdruck, was Du selber auch denkst. Du hast immer gesagt: »Auch ich denke dies oder das, aber du sprichst es aus.« Genau. Darum betrachte ich Dich als eine irdische Göttin. Nichts Menschliches ist unter Deiner Würde – ein altes lateinisches Sprichwort.

Du erinnerst mich an den Dalai Lama. Der, welcher versteht, predigt nicht, sondern bittet uns, glücklich zu sein *und* Mitleid zu zeigen.

Ich kann Deine neugeborene Ungezwungenheit spüren. Bravo! Du kannst nicht fehlgehen! Du bist immer auf dem PFAD und wirst allmählich der PFAD selbst, Du selbst.

Meine Liebe umarmt jedes Teil und Teilchen Deines Wesens

und Deines Fleisches gleichzeitig. Ich weiß, Deine Liebe zu mir ist sublim. Das wollte ich Dir nur sagen.
Nochmals Gute Nacht.

Träum fest!
*Henry*

P. S. Den Luftpostumschlag habe ich schon vor etlichen Tagen adressiert, als ich nicht wußte, wo Du warst. Bin aber nie dazu gekommen, den Brief zu schreiben. Hier ist er endlich! »Frohes« Jom Kippur!

*H. M.*

Dein Geburtstag, 10/11/78

*Geliebte Brenda,*

es fällt mir schwer, Dir diesen Brief zu schreiben. Ich habe Deinen *phantastischen* Brief an mich wieder gelesen und war zu Tränen gerührt. *Aber* ich muß ein kleines Hühnchen mit Dir rupfen. In Deinem Brief schreibst Du, daß ich Dich nie um etwas bäte, daß Du diejenige seiest, die bittet.
Brenda, das hat mich durcheinander gebracht. Erst im letzten oder vorletzten Brief habe ich Dich gefragt, ob Du mir eine »kleine« Gunst erweisen würdest. (Verzeih mir, wenn ich es eine *kleine* Gunst nenne.) Jedenfalls hast Du die Bitte ignoriert. In gewisser Weise, und Du bist Dir dessen sicher bewußt, habe ich, seit wir uns kennen, immer dieselbe dumme Frage gestellt. Wie Du zu Recht vermutest, hat sie mit Sex zu tun. Nun bin ich weder so aufdringlich noch so dumm oder vertrottelt, daß ich Dich bitten würde, mit mir ins Bett zu gehen. Ich kann mir gut vorstellen, wie widerlich einem jungen, schönen Geschöpf wie Dir die Aufforderung, einen fast Neunzigjährigen körperlich zu lieben, erscheinen muß.
In diesem Bewußtsein habe ich Dir nie irgendwelche direkten Anträge gemacht. Zudem hat Deine stumme Ablehnung

jeglicher sexuellen Belange mir eine selbstgeschaffene Impotenz auferlegt. Lange Zeit dachte ich, ich sei vielleicht impotent. Dann hast Du eines Tages neben mir gesessen und mir Deine Version der Smith-Pocahontas-Affäre erzählt (so zauberhaft). Zuerst dachte ich, was Du mir da erzähltest, sei das Ergebnis gründlicher Nachforschungen Deinerseits. Aber als Du darauf zu sprechen kamst, wie Pocahontas durch ihre große Liebe Captain John seine Potenz zurückgab, kam mir der Verdacht, daß dieses Bißchen Deine Erfindung sei. Und nicht nur darüber grübelte ich nach, sondern ich sagte mir auch, wie überaus rührend es sei, daß Du Dir so was für mich ausgedacht hast. (War es denkbar, daß Brenda-Pocahontas nur beweisen wollte, welche Macht ihre Liebe besaß?)
Jedenfalls, und das Geständnis läßt mich erröten, diese kleine »Erfindung« brachte mich auf den Gedanken – wie kommt es, daß Brenda, die mich zärtlich liebt, mir keine ähnlichen Anträge macht oder machen will? Und dann schlug ich es mir aus dem Kopf als etwas zu Großes, um das ich nicht bitten, ja wovon ich nicht einmal träumen durfte.
Aber jedesmal, wenn wir uns ansehen, liegt der Schwerpunkt auf dem heiligen Körper. Und das ist ganz in Ordnung, wenn man bedenkt, wie gesegnet Du bist, gleich einer Göttin. Nur wird ein Teil des Körperlichen immer ignoriert – und das ist das Sexuelle. Doch wer verkörpert den Geist des Sexes besser als Du, Brenda die Venus?
Um für einen Augenblick auf mich zurückzukommen. Bis ich Dir begegnete, schien es unmöglich, daß ein Mann und eine Frau sich wirklich lieben können ohne Sex. Ich wußte, daß Du nicht anti-sex warst, sondern nur die Wölfe abwehrtest, die Dich verschlingen wollten. Aber ich gehöre nicht in diese Kategorie, wie stark mein Trieb auch sein mag. Für mich ist Sex immer ein sehr natürlicher, einfacher Vorgang gewesen. Ich habe ein sehr sex-erfülltes Leben geführt. Und jetzt, im Alter, betrachtet man mich als einen liebenswerten Guru *und* Einsiedler. Man erwartet von mir, daß ich weder Hoden habe, noch das Ding, das dazugehört.

Worauf ich hinaus will? Einfach dies – ich erwarte nicht, daß Du mir erlaubst, Dich zu vögeln. (Ich bezweifle ohnehin, daß ich ein Geschöpf, das so sexy ist wie Du, befriedigen könnte.) Aber ich finde doch, daß wir ungezwungener miteinander umgehen sollten – daß Du *mir* – wenn schon keinem andern – das Vorrecht einräumen solltest, Deine Geschlechtsteile zu berühren – mit anderen Worten, Dich zu streicheln. Und vielleicht umgekehrt auch. Mit anderen Worten, wir sollten uns erlauben, uns natürlich zu benehmen und unserem Instinkt zu folgen.

Wenn Du anderer Meinung bist, sag es mir bitte. Nur weiche mir nicht aus und ignoriere mich nicht. Ich werde Dich immer lieben, egal, welche Einstellung Du hast. Ich bin mir im klaren darüber, daß ich ein großes Risiko eingehe, indem ich Dir in dieser Weise schreibe, aber ich muß es einfach tun. Ich bin, wie ich bin, Gott steh mir bei. Außerdem bin ich es, der den Leuten dauernd predigt, sie sollten sie selbst sein. Ich will kein Buddha sein, kein Heiliger Franziskus oder Antonius, sondern bloß der, der ich bin – Henry Miller.

P. S. Brenda, hast Du das Foto mitgenommen, auf dem wir beide aufeinanderzugehen, um uns zu küssen, aber noch einen halben Meter voneinander entfernt sind? Ich möchte das sehr gern auch haben. Ich betrachte das, welches Du dagelassen hast, mit Staunen und ehrfürchtiger Scheu.

*H. M.*

P. P. S. Vielleicht lege ich ein paar Notizen bei, von denen ich meine, daß sie Dich interessieren, Dir Freude machen und Dich womöglich gar erregen werden. Auf ewig, Leib und Seele!

*

*Ich habe bestimmt weder schriftlich noch am Telefon geantwortet, aber am nächsten Tag fuhr ich nach einer Ballettstunde zu ihm. Ich trug ein weißes griechisches Gewand. Ich ging in sein Schlafzimmer und sagte: »Henry, wegen der Bitte...«*
*Er saß im Bett, und ich ließ das Gewand von meinen Schultern gleiten und zu Boden fallen. Ich sagte kein Wort. Ich zog das Gewand wieder an. Er lächelte, ich lächelte, und dann ging ich wieder.*

*

*6 Uhr 15, Dienstag*

*Liebe Brenda,*

sogar in meinen Hirnzellen hat sich das Bild festgesetzt, wie Du Dein Kleid fallen läßt, um mir Deine Brüste zu zeigen. Welch ein Augenblick! Welche Erregung. Und, gepaart mit der Verwegenheit dieser Geste, Dein unbeschreibliches Schweigen, ein Schweigen wie aus dem Altertum, das Gesicht von keiner Leidenschaft verzerrt, sondern stets ruhig, gelassen, *béatifique*

Dein
*Henry*

*Liebe, liebe Brenda,*

in ein oder zwei Tagen ist Thanksgiving, und ich glaube kaum, daß ich Dich über die Feiertage sehen werde. Morgen kommt Pamela Burke von der *Tomorrow Show* – Tom Snyders Sekretärin oder so was, um das Grundstück in Augenschein zu nehmen. Val wird das Thanksgiving-Dinner kochen. Ich wünschte, Du könntest auch kommen, aber Du hast bestimmt eigene Pläne.

Wie dem auch sei, ich schreibe nicht, um Dir all diese Lappalien mitzuteilen, sondern um Dir zu sagen, wieviel Du mir bedeutest – und von Woche zu Woche mehr. Du bist buchstäblich in meine Seele hineingewachsen. Du bedeutest mir mehr als all die anderen zusammen. Du bist *ganz* Frau. Unbeirrbar. 100% zuverlässig. Jeder kritischen Lage gewachsen. Geschaffen nicht nur für die Liebe, sondern für alles, was ein Männerherz begehrt. Ich liebe Dich mit orphischer Liebe. Ich liebe Dich aus den clithonischen Tiefen, wie Joyce sagen würde. Ich liebe alles an Dir – Dein Aussehen, Deinen Gang, die Art, wie Du Dich kleidest, Deine Stimme, *le beau* in Deinen Mississippi-Augen. Deine Stimme, Deinen Südstaaten-Akzent (kaum wahrnehmbar), Dein Südstaaten-Milieu, Dein Auftreten, Deine Haltung, Deine Einmaligkeit. Am meisten liebe ich die Art, wie Du mich liebst. Sie ist edel, altertümlich, gottähnlich. Ich segne Dich, wann immer ich an Dich denke. Ist unsere Romanze so *harmonisch*, weil wir einander so selten sehen? In meinem Zusammenleben mit Frauen gab es kaum Harmonie. Übrigens, falls Tony es nicht versteckt, bevor Du wiederkommst, dann muß er Dir ein Blatt Klopapier zeigen (vor ein paar Jahren beschrieben), das ganz voll ist mit den früheren Frauen, mit denen ich mehr oder weniger intim war. Es ist wirklich erstaunlich und bezeugt entweder mein schlechtes Urteilsvermögen oder mein schlechtes Benehmen.
Brenda, ich liebe Deinen Leib ebensosehr wie Deinen Geist. Du bist die seltene Verbindung von »Leib und Seele«.
Nochmals meinen Dank, meinen Segen, meine Gebete für Dich.

*Dein Henry*

# *1979*

*Samstagabend 11 Uhr 30, 27/1/79*

*Mein Schatz,*

bin aufgestanden, um Dir ein paar Zeilen zu schreiben, da Du meine Gedanken gefangenhältst wie ein Inkubus. Und als ich aus dem Bett schlüpfte, fielen mir die Worte (auf deutsch) aus dem *Blauen Engel* wieder ein. »Ich bin von Kopf bis Fuß auf Liebe eingestellt, und das ist meine Welt und sonst gar nichts.«

Meine Liebste, es ist mir egal, ob ich nicht schlafen kann, oder ob ich dies oder jenes nicht tun kann (*vor allem* jenes – solange Du nur da bist und an mich denkst).

Du bist meine ganze Welt – *und sonst gar nichts.* Auf deutsch klingt dies letzte herrlich.

Ich wünschte, ich könnte Dir auf russisch schreiben, auf aztekisch, auf armenisch und persisch. Weil *Du* grenzen*los* bist. Du bist, was die Griechen »Nichts mit Maß« nennen. Du bist Mona, Anaïs, Lisa, *tout le monde*, alle vereint. Feuer, Luft, Erde, Meer, Himmel und Sterne.

Deine Briefe sind nicht von dieser Welt. Du hast das Talent, genau das Richtige zu sagen. Was Du sagst, kannst nur *Du* sagen. Unnachahmlich. Superbe. Verführerisch. Sinnlich. Rücksichtsvoll wie ein Engel. Gewiß, Du hast dieses Ding zwischen den Beinen wie alle Frauen, aber bei Dir wird es zum unsichtbaren Juwel, ein magischer Prüfstein, ein goldenes Osterei wie vom Anbeginn des Universums. Hüte es wie Deinen Augapfel. Huldige ihm im stillen – und vor anderen tue so, als sei es gar nicht da. Gib vor, dort eine Opiumpfeife zu tragen oder was auch immer. Sei stets Weib, aber stell Dich dar wie ein Mann. Verlier nie den Glauben! Dir kann nichts geschehen.

Dein Tag bricht an. Verlange nicht zuviel – nur das, was Du auch bewältigen kannst – und streicheln.

Ich gehe jetzt zurück ins Bett. Dich so sehr zu lieben, schenkt mir inneren Frieden. Du bist meine Gnade. Möge der Herr immer über Dich wachen!

Dein
*Henry*

*Mitternacht* 21/2/79

*Liebste*,

der Gedanke an Dich *und* den Heiligen Augustinus läßt mich noch nicht schlafen. Hier ein Ausspruch von ihm: »Der, welcher nicht weiß, was Liebe ist, weiß nicht, wer er ist.«
Das Thema des Pseudo-Passionsspiels vom Professor heißt Eros vs. Agape oder in unserer Sprache: irdische Liebe versus himmlische Liebe.
Wie ich Dir schon sagte – sein Stück (ich lese jetzt eine überarbeitete Fassung) macht aus mir und Augustinus enge Freunde. Augustinus billigt meine rebellische Natur, meine Leidenschaft (sowohl irdisch wie himmlisch), meine Abgeschiedenheit, etc., etc. Ich bin in der Tat geschmeichelt, daß es so viele Parallelen zwischen uns gibt. Habe ich Dir je erzählt, wie in Paris einmal ein armer Buchhändler, Freund von Durrell, mich bat, *De civitate Dei* von Augustinus zu lesen und gründlich mit Anmerkungen zu versehen? Ich hab's gemacht; hat mich ganze sechs Wochen gekostet. Bekam aber nie einen Cent dafür oder auch nur ein Dankeschön für meine Mühe.
Fünfzehn oder zwanzig Jahre später entschuldigte er sich auf einmal, hat aber weder das Buch zurückgeschickt, noch mir eine Entschädigung zukommen lassen. Augustinus schätze ich, weil er so menschlich ist, ein so schlechter Heiliger und obendrein noch ein Abtrünniger. Aber seine Reden sind erhebend und fußen alle auf *Liebe* (beging alle nur erdenklichen Sünden, ehe er bekehrt wurde). In dem Stück des

Professors zieht er einen Vergleich zwischen unserer Gegenwart und dem Untergang des Römischen Reiches (oder der Zivilisation der heidnischen Welt). Und meine Stellung in der heutigen Literatur wird mit der von Augustinus beim Untergang Roms verglichen.

Bekam interessanten Brief von Durrell; bitte erinnere mich, daß ich ihn Dir zeige. Außerdem einen wunderbaren, zwölf Seiten langen Brief von Bert Mathieu. Offenbar ist er bei seinem Europaaufenthalt mit Blaise Cendrars' Tochter Miriam zusammengetroffen, und sie hat ihn gebeten, ihr bei der Edition und Veröffentlichung unseres Briefwechsels behilflich zu sein. (Phantastisch, da er mein »Held« ist.) *Aber*, ich erinnere mich überhaupt nicht, je mit ihm korrespondiert zu haben. Und sie findet unseren Briefwechsel einzigartig, bedeutend, etc., etc.

Dann hat mir noch mein Augenarzt einen riesigen Stoß Briefe an meinen lebenslangen Freund Emil Schnellock gebracht, die ich für verloren hielt. Irgendwer hatte sie an einen Sammler verkauft. Aber ich könnte sie veröffentlichen lassen. Sie würden Bände füllen, wiegen etliche Pfund.. Ich weiß noch nicht, ob ich mich dranmachen und sie lesen werde.

Ferner einen wunderbaren Brief von einem Inder, der mich für einen »Guru« hält. Preist meine Verquickung von Sex und Religion. In Indien, das habe ich Dir ja schon oft gesagt, sind die Götter sehr menschlich – vögeln wie die Irren. Die Vestalinnen sind Tempelhuren. Mönche und Nonnen leben zusammen.

Ich bekomme von ihm zwei Bücher (für Dich und mich) über die Lehre und Methodologie des tantrischen Joga (Gott durch Sex!). Genug. Mehr, wenn wir uns wiedersehen.

*Henry*

P. S. Zu schade, daß immer ein zeitlicher Abstand zwischen dem, was hier passiert, und unseren Begegnungen liegt. Dein Besuch morgen wird auf mich wirken wie Weihnachten auf einen geistlich verarmten Christen. Ich liebe Dich an allen

Fronten. Ich fühle mich bestätigt, heute abend, und *très* bescheiden. *Nur die Liebe* zählt.

*Henry*

P. S. Augustinus sagt sogar, uns gemeinsam sei »unsere Liebe zur Liebe« oder in Liebe.

*Sonntag, 25/2/79*

*Liebes Herz* (Cuore),

war bis eben mit Bob Snyder im Imperial Gardens. Habe den ganzen Abend an Dich gedacht, trotz lebhafter Unterhaltung. Aber was ich Dir erzählen wollte; als wir bei mir in den Flur kommen, sage ich zu Bob: »Von wem ist dieses Gedicht, weißt Du, die eine Zeile geht ungefähr so: ›Ich bin dir treu gewesen, o Cynara, auf meine Art.‹« (Und auf einmal fällt mir der Name des Dichters ein – Ernest Dowson, ein Engländer.) Und so bin auch ich auf meine Art treu gewesen, meiner lieben Brenda nämlich, dem Stern meines Lebens, dem Licht meiner Seele, dem Bollwerk gegen jegliches Unheil. Ich hoffe, es geht Dir gut und Du schläfst fest, während ich diese flüchtigen Zeilen zu Papier bringe.
Eine Schauspielerin in der Nische neben uns hat mir den ganzen Abend lang Augen gemacht. Bevor sie ging, blieb sie bei uns stehen, gab mir die Hand und fragte, wer ich sei. Ich sagte: »Bloß ein Mensch wie Sie.« Der, welcher die Liebe nicht kennt, kennt sich selber nicht. Ich kenne die Liebe und Dich und also auch mich.

*Lucky Henry*

*6/3/79*

*Liebes Herz,*

mit Deinem Doppelfoto vor Augen, bewahre ich Dich nicht nur in meinem Herzen, sondern auch in Geist und Seele. Ich lebe hier mit Dir, so als wären wir ehelich verbunden. Gott sei Dank ist es eine himmlische Ehe und keine irdische. Immer stärker spüre ich die geistliche, geweihte Natur unserer Beziehung. Du bist die entschleierte Göttin Isis.
Die Anmerkungen für unser »Szenarium«, die sich in meinem Kopf häufen, tendieren ein bißchen zum Anstößigen hin und enthüllen die Dualität all meiner Erlebnisse. Mit Dir ist es eine wirkliche, echte Verbindung, selbst wenn die körperliche Beziehung fehlt. Selbst wenn Du Dir, wie man so sagt, den Arsch abficken solltest, würdest Du doch »unberührt« bleiben. Du bist die Erhabene, das *ne plus ultra* der Weiblichkeit.

Segne Dich, liebe Dich,
bete Dich an.
*Henry (Mitternacht)*

P. S. Heute fast einen Sonnenstich bekommen!!

## SZENARIUM

*Frühkindliche Erinnerungen:*

1) Mit einem silbernen Löffel im Mund zur Welt gekommen. Kriegte alles, was ich mir wünschte, außer einem echten Pony. Schreibe dem Weihnachtsmann, er soll mir eine Trommel *und* eine Laterna magica bringen. Gebe der Kindergartentante Socken und Fausthandschuhe zurück – zum Weiterverschenken an die armen Kinder. Als meine Mutter mich am Heiligabend ohne Geschenke aus dem Kindergarten kommen sieht, will sie wissen, was passiert ist. Ich sage: »Nichts, ich hab bloß alles der Tante zurückgegeben. Ich weiß, daß der Weihnachtsmann mir was Besseres bringt.« Daraufhin haut sie mir ordentlich eine runter, packt mich am Ohrläppchen und schleppt mich eine lange Häuserzeile weit zum Kindergarten zurück, damit ich mich bei der Tante für meine Ungezogenheit entschuldige.
Ich konnte nicht begreifen, was ich falsch gemacht hatte ... Das war unser erstes größeres Mißverständnis. Der Vorfall prägte sich mir tief ein (weder vergaß noch vergab ich ihn je) und hinterließ in meinem kindlichen Gemüt das Gefühl, meine Mutter sei dumm und grausam.
In späteren Jahren revidierte ich diese Meinung über meine Mutter nur geringfügig. Sie gab immer vor, stolz auf mich zu sein, aber weder verstand noch liebte sie mich.
Außer dem Vorfall im Kindergarten, etwa um die gleiche Zeit, erinnere ich mich, wie sie mir eine Warze an ihrem Finger zeigt, die sie stört, und ich sage: »Warum schneidest du sie nicht weg?« Und sie macht's, kriegt Blutvergiftung, und ein paar Tage drauf, als ich in meinem Stühlchen am Feuer sitze, kommt sie her zu mir, mit drohendem, finsterem Blick (ihr Finger nunmehr dick bandagiert), und haut mir wieder eine runter, denn: »Du hast mir gesagt, ich soll die Warze wegschneiden!«
Als sie bettlägerig ist, nur wenige Tage vor ihrem Tod, bringe

ich meinen Freund Vincent mit auf Besuch. Er ist hübsch, hat tadellose Manieren, ist Flugpilot. Bei seinem Anblick kriegt meine Mutter glänzende Augen. Sie hat ihn offenbar gleich ins Herz geschlossen. Plötzlich richtet sie sich in den Kissen auf – ich stehe neben dem Bett – und ruft: »Hätte ich doch nur einen Sohn wie Sie, Vincent«, wobei sie mich anblickt. (Und ich kam frisch aus Europa, wo man mich als großen amerikanischen Schriftsteller feierte. All das bedeutete ihr nichts. Sie hat mir nie verziehen, daß ich Schriftsteller geworden bin und nicht Schneider!)

Der recht grausige Höhe- und Schlußpunkt findet in der Leichenhalle statt, wo sie aufgebahrt liegt, damit ihre Freunde und Verwandten von ihr Abschied nehmen können. Dort bleibt sie etwa eine Woche bis zur Beerdigung. Ich gehe ab und an hin – nicht jeden Tag. Jedesmal, wenn ich mich über ihren Sarg beuge, öffnet sich ihr eines Auge, wie um mich anzustarren. Mir kommt es vor, als *tadele* sie mich sogar noch im Tod. Es macht mich schaudern. Ich benachrichtige jedesmal den Direktor der Leichenhalle, der dann, ohne ein Wort zu sagen, das Auge schließt.

*Donnerstag, 10 Uhr abends 15/3/79*

*Meine geliebte Brenda,*

ich bin so erfüllt von Dir, bis zum Überlaufen. Denke immerzu an Dich und bete, daß Deine Hoffnungen, Wünsche, Träume sich erfüllen mögen.

Für mich bist Du schon *durch* – durch das Netz von Hindernissen, meine ich.

Du bist eine der berühmten griechischen Göttinnen – deren gab es etliche, mußt Du wissen. Frauen waren nicht immer Unterpfand der Männer. Und manche waren wild und ungestüm.

Ich war eine Woche mit Bert Mathieu zusammen, einem

wahrhaft erleuchteten Geist. Habe mir wiederum Wissenswertes von ihm angeeignet und allerhand psychischen Nährstoff von seiner angehimmelten »Geri«. Nach dem, was er mir über sie geschrieben hat, dachte ich, sie würde mich aus der Fassung bringen, aber es kam genau umgekehrt.

Brenda, muß ich es zum 1000ten Mal sagen – ja, ich muß . . . *Ich liebe Dich!!!* So einfach, doch mir bedeutet es die ganze Welt . . .

Jetzt kann ich zu Bett gehen und schlafen. Ich werde gleich neben Dir liegen und Dich fest und zärtlich in den Armen halten. *Liebevoll.* Ich muß zwei Vorworte schreiben; eins für die Franzosen über *Journal of Albion Moonlight* und eines für mein eigenes unvollendetes Buch über D. H. Lawrence, das Noel Young nächstes Jahr rausbringen wird. Ich werde besonders auf Lawrences *Apokalypse* Bezug nehmen (meines Erachtens sein bestes Werk), nicht auf *Liebende Frauen* und *Aarons Stab*. Verzeih mir noch einmal meine Entgleisung.

Ich werde allmählich ein echter »Solipsist« – und das ist kein »Fauxpas«. (Zwei 50-Cent-Wörter!)

Liebe, liebe Brenda, schlaf gut. Werde all Deine Leiden und Schmerzen los, auf daß Du frisch und gesund aufwachst. Bleibe wie immer – »unbezähmbar« und doch zärtlich, liebevoll, großzügig.

Gott ist mit Dir, und all die kleinen »Götter«, die im Altertum regierten, sind es auch.

Du bist eine moderne »Semiramis«.

Ich segne Dich, liebe Dich über alle Maßen. Laß Dir Zeit mit der Antwort. Ich kann warten – solange ich weiß, daß Du mich *liebst – und das tust Du*, das weiß ich gewiß.

Der Deine hienieden, im Jenseits und dazwischen.

*Henry, der*
*Inamorata!*

*Freitag, 23/3/79*

*Meine Schöne, meine Einzige!*

Was für ein herrlicher Abend war das gestern! Ich bin so glücklich zu Bett gegangen – Du hoffentlich auch.
Ich lege bei, was ich vor ein paar Jahren über Kenneth Patchen geschrieben habe. Bekam es von meinem Bibliographen – zur Verwendung in einem französischen Buch über Patchen.
Ich schicke es mit, weil es viele der Gedanken zu bestätigen scheint, über die ich mich gestern abend beim Essen ausgelassen habe. (Übrigens bist Du für mich praktisch die erste Südstaatlerin, die nicht auch eine große Rednerin ist. Ich meine – zuviel geschwätzige Redseligkeit. Deine Plauderei entspringt heiterem Schweigen.) Teufel auch, Du bist nicht einfach ein Mississippi-Mädchen, Du bist zum Teil eine Navajo; das habe ich gestern abend nach Herzenslust feststellen können. Dein Indianerblut erklärt Deine Beharrlichkeit und Widerstandskraft, Deine Entschlossenheit, mit der Du gesegnet bist, und auch Deinen »edelmütigen Charakter«, davon bin ich ehrlich überzeugt. Du besitzt mehr Tugenden, als einer aus dem Hut schütteln kann.
War heute beim Zahnarzt. Beinahe Fehlalarm. Eine bloße Kleinigkeit, eine Regulierung. Hoffentlich hat mein Augenarzt morgen gute Nachrichten für mich. Und Du, geht's Dir heute einfach erstklassig? (Ich hoffe, Charals wird mit dem Aquarell zufrieden sein. Wenn er ein anderes möchte, braucht er es nur zu sagen. Auf die Art würde er seine viertausend kriegen.) Ich habe vor, mit ein paar schwachen zu experimentieren, die entstanden, indem ich Tuschezeichnungen drüberlegte – sozusagen gegen den Strich. Damit meine ich, daß die Zeichnung keine Beziehung zu dem bereits »fertigen« Aquarell haben wird. Kannst Du folgen? Ist immer eine gute Methode. Eins über und gegen das andere stellen – statt »fließender Übergänge«.
Bis jetzt habe ich ein Dutzend Briefe oder mehr geschrieben. Dies ist für heute mein letzter.

Weißt Du was? Auf dem Foto kann ich Dich *und* mich jeden Morgen ein klein wenig besser erkennen. Wenn ich *Dich* jeden Tag leibhaftig sähe, würde ich wahrscheinlich keine Brille brauchen. (Ich würde ein Mikroskop benutzen!) Will jetzt schließen – glückliche Tage.
Liebe Dich über alle Maßen. Liebe Dich im Wachen und im Schlaf. Auf ewig!

*Henry*

## TRAUM VOM 25/3/79

Wie schon in ähnlichen, früheren Szenen spielt sich das, was hier geschieht, vor den Augen der Öffentlichkeit ab, wenn auch nicht absichtlich. Wie in dem erotischen japanischen Film, *Das Reich der Sinne*, ergreifst *Du* die Initiative.
Aus irgendeinem Grund sind wir in der Halle eines Grandhotels, als das Verlangen über Dich kommt. Du sagst: »Machen wir's gleich hier!« Spontan, einfach so. Ich scheine verblüfft, vielleicht weil ich mir eher bewußt bin, wo wir uns in Zeit und Raum befinden. Allerdings nicht zu sehr, da bei diesen intimen Begegnungen immer nur Du und ich auf der Welt sind – gleichgültig, wie viele Leute um uns herumwandern. Vermutlich ein Sinnbild unserer großen Leidenschaft füreinander – wir können die Welt aussperren.
Jedenfalls hast Du es im Nu geschafft, uns zu einer auffälligen und majestätisch wirkenden Couch mitten in der Halle zu manövrieren. Ehe ich auch nur den geringsten Einwand erheben kann, hast Du mir den Hosenschlitz aufgemacht und hältst meinen Penis in der Hand. Er ist voll erigiert – herrliches Gefühl. Ebenso geschwind hebst Du Deinen Rock, entblößt Dich vollständig, und wir stürzen auf die Couch nieder. Wie ich eben in Dich eindringen will, fällt mir ein, daß Du Dir erst vor kurzem diese Kupferspirale hast ziehen lassen. (Ich frage mich, ob Du weißt, was Du tust, oder ob

Du, wie nach jenem sprichwörtlichen Glas Champagner, gar nicht anders kannst.)
So leicht und reibungslos dringe ich in Dich ein, daß es fast unwirklich ist. Ich versuche, Dein Gesicht zu sehen. Deinen Ausdruck zu erkennen. Aber genau wie wenn ich in meinem Bett liege und unser Foto ohne Brille betrachte, kann ich nur schwach die Konturen Deines Antlitzes ausmachen. Wie dem auch sei, ich bin auf Anhieb überzeugt, daß Du es so haben willst, daß Du Dir Deines Tuns bewußt bist. Und das steigert nur die Ekstase, die uns gepackt hat. Ich muß unwillkürlich an all die negativen Reaktionen denken, die Du an den Tag gelegt hast, und nun diese vollkommene, bedingungslose Hingabe. Du windest Dich wie ein Aal, flüsterst mir leise ins Ohr: »Mach's mir, Henry, mach's mir!« Und ich gebe mein Bestes, wobei mich Deine Bereitschaft mehr erstaunt als meine unerwartete Potenz. Deine Möse ist übrigens genauso, wie ich sie mir immer vorgestellt habe. Eine »entgegenkommende« Möse, wenn Du verstehst, was ich meine.
Mitten in unserem heimlichen Vergnügen spüre ich einen unsanften Ruck an der Schulter, und eine barsche Stimme ruft: »Was zum Teufel machen Sie denn da? Was glauben Sie wohl, wo Sie sind?« Und damit zerrt der Kerl mich hoch; mein Penis baumelt aus dem Hosenschlitz, und ein paar Tropfen Sperma fallen auf den Plüsch.
Dann wendet er sich an Dich. Du hast Deinen Rock runtergezogen. Aber Du siehst ganz geknickt aus. »Junge Dame«, fängt er an, »ich frage mich, ob Sie wissen, was Sie treiben oder wo Sie sich befinden ...«
Du unterbrichst ihn mit den Worten: »Ich bitte tausendmal um Entschuldigung, Sir, aber ich habe völlig vergessen, wo ich war oder was ich tat.«
»So, einfach vergessen, wie?« sagt der Manager. »Was *sind* Sie denn eigentlich – etwa Schauspielerin?«
»Erraten!« antwortest Du. »Sehen Sie, ich habe die schlechte Angewohnheit, bisweilen meinen Text zu vergessen. Grade eben habe ich eine imaginäre Szene aus *Sturmhöhe* gespielt.«

Jetzt fangen die Neugierigen, die sich um uns versammelt haben, an zu kichern. Ein paar klatschen Beifall. Einer ruft: »Bravo!«
Das scheint Dir die Fassung wiederzugeben. Du ergreifst mit beiden Händen meinen Arm und führst uns beide zur Tür. Leise flüsterst Du mir zu: »Diese verdammten Idioten! Die würden eine gute schauspielerische Leistung nicht mal erkennen, wenn man sie ihnen direkt vor die Nase setzte.« Du drückst mich ein wenig und fügst hinzu: »Komm Henry, laß uns irgendwohin gehen und in Ruhe was miteinander trinken. Du warst phantastisch, weißt du das?«

*Finis*

*17/4/79*

*Meine liebe, liebe Brenda*,

ein kurzer Gruß, um Dir zu sagen, wie sehr ich Dich verehre, und auch, daß ich mehr denn je die Gewißheit habe, Dir Glück zu bringen – und zwar bald. Ich spüre seltsamerweise, daß der Schöpfer mir besondere Kräfte verliehen hat (Geschick, Glück und dergleichen), auf daß ich sie an andere weitergebe.
Du stehst in meinen Gedanken immer an erster Stelle. Ich liebe Dich mehr denn je. Du bist mein ein und alles, auf ewig. Ich verehre Deinen Namen, huldige Deinem Körper und Deiner Seele. Du schenkst mir ein neues Leben. Laß uns gemeinsam glänzen und triumphieren!

Dein geliebter
*Henry*

P. S. Wie es scheint, haben wir schon seit ein paar Tagen Vollmond. Ein *gutes* Omen!

*30. April 1979*

*Liebste, innigst geliebte Brenda,*

ich fand Deinen Brief im Kasten, kurz nachdem er eingeworfen worden war – *von Dir*? Und hier bin ich wieder, sozusagen um mir Luft zu machen.

Nennen wir das folgende: »Der Aufruhr des Tiers«. Anatole France (Schriftsteller des 19. Jahrhunderts) hat ein herrliches Buch geschrieben mit dem Titel: *Der Aufruhr der Engel.*

*Engel* ist das Stichwort. Dein Brief richtet sich an einen mythischen Halbgott. Vielleicht hast Du inzwischen die drei Briefe erhalten, welche die tönernen Füße des Gottes offenbaren.

Natürlich bin ich erfreut und entzückt über all den Lobpreis, mit dem Du mich überschüttest, *aber* ... wo bleibt H. M. der Mensch, der Mann, der hungrige Liebhaber?

Du weißt doch, wenn wir den Christen glauben sollen, mußte selbst Gott der Allmächtige einen Sohn schicken, der menschlich, allzu menschlich war. Sogar Gott muß sich in seinem Hohen Himmel manchmal einsam fühlen.

Hoffentlich hast Du mir meinen ziemlich drastischen Ausbruch verziehen – letzter Brief –, aber das Tier in mir konnte sich einfach nicht länger bezähmen. Es will nicht nur als außergewöhnlicher Mensch geliebt werden, sondern möchte, daß man beide Seiten der Medaille berücksichtigt.

Ja, ohne diese »niedrige« Seite wäre H. M. nicht, was er ist. Ich sage »niedrig«, aber ich empfinde es nicht so. Es ist nicht niedrig, es ist nur die sehr menschliche, sehr sinnliche Seite unseres Wesens. Genauso gottgegeben wie Seele oder Verstand.

Als ich Dich in FM wiedersah, bin ich ausgeflippt. Selbst in den alten Zeiten des Varietés hat man nie ein so erotisches Porträt geliefert, wie Du es in dieser Szene darstellst. (Obwohl ich ehrlich gesagt nicht ein Wort von dem verstanden habe, was ihr beide gesprochen habt!) Mir schien, als

tätest Du Dein Bestes, um ihn zu verführen. (Habe ich wieder alles falsch interpretiert?)
Du sahst einfach hinreißend aus. Wie eine, die nicht nur verführen will, sondern auch wirklich *vergewaltigt werden*! Als Du Dich halb zurücklehntest, mit den Füßen zu ihm hin, da glaubte ich Dich flüstern zu hören: »Fick mich, bitte. Ich bin ganz wild drauf!«
Welche Schauspielkunst! Ultra realistisch. Sinnlich, aber auf himmlische Weise, als wärst Du eine dieser indischen Göttinnen, auf die Erde herabgestiegen für eine schnelle Nummer. Sogar der Gang über die Straße war erotisch. Nur im BH – noch dazu ein tiefausgeschnittener, der den Blick auf Deine unvergleichlichen Titten freigab. Jeder Zoll Deines Körpers schien in Flammen zu stehen. Erinnerte mich an den ersten Brief von Dir, in dem Du mir schriebst, du seiest ein durch und durch »erogenes« Geschöpf. Was für ein Auftakt war das!
Und jetzt umarmen wir uns wie Bruder und Schwester – vielleicht eine Spur inzestuös, aber doch wie Bruder-Schwester. Wie ich schon mehrmals gesagt habe – warum kannst Du mir nicht erlauben, Dich zu streicheln, Dich überall zu berühren, außer in unseren Träumen? Was hast Du zu befürchten oder zu verlieren? Meinst du etwa, ich würde dann allen Respekt vor Dir verlieren? Unmöglich!
Verzeih diese lange Tirade. Du weißt, es ist die Liebe, die aus mir spricht, nicht bloß niedere Begierde.
Ich will Deine ganze Liebe, nicht bloß Bewunderung und Verehrung.
Ich muß jetzt Schluß machen – mein Rücken tut furchtbar weh.

*Henry*

*1. Mai 1979*

*Geliebte Brenda*,

ich dachte, es sei Mitternacht, doch der Wecker zeigt erst 10 Uhr 20. Also habe ich Zeit, noch ein paar Zeilen zu Papier zu bringen.

Wie wohl Dein Anruf mir getan hat! Deine Stimme ist so beruhigend, so »überzeugend«. Komisches Wort, wie – *überzeugend?* Aber ich meine damit, wenn ich Deinetwegen auch nur die leisesten Zweifel hegen sollte, würde Deine Stimme sie zerstreuen. Du klingst so aufrichtig, so durch und durch ehrlich, es ist einfach erstaunlich. Wahrscheinlich bin ich mein Leben lang in meinen vielen Ehen mit soviel Lug und Trug konfrontiert worden, daß ich es kaum fassen kann, auf eine Frau wie Dich zu stoßen, die ganz lauter ist.

Eine seltsame Parallele zwischen Dir und der Frau in diesem Buch über den türkischen Harem. Sie entschleiert *nie* ihr Gesicht. Er hat nicht einmal einen Blick auf ihre Augen erhascht. Und doch besteht diese starke, lebendige Anziehung zwischen ihnen, trotz der Rassen-, Alters- und Sittenunterschiede. Und Du bist die »Unberührbare«. Aber die Anziehungskraft ist da, gleich stark *chez vous* wie *chez moi*, das spüre ich. Nach unserem Telefonat muß ich mich dafür entschuldigen, daß ich Dir Gefühle unterstellt habe, die bei Dir gar nicht vorhanden waren. Du versicherst mir, Du habest diese Verführungsszene im Fernsehen nur *gespielt*. Und ich glaube Dir rückhaltlos. Aber Gott, wie mußt Du dann erst sein, wenn es *echt* ist? Ohne Zweifel wie dieser Wüstenwind, der Schirokko, der alles zergehen und verdorren läßt, was er berührt.

Die Lektüre der *Entzauberten* macht mir klar, wie glücklich, wie überaus glücklich ich bin. Dich zu haben. Statt »entzaubert« zu sein, stehe ich im Banne eines unaufhörlichen Zaubers. Wie dem Tristan (in der Oper) muß auch mir jemand im Schlaf einen Liebestrank eingeflößt haben. Ich bin ganz Liebe, ganz Hingabe, vollkommen besessen. Sei gesegnet dafür. Es ist oft Qual, aber auch Wonne. Eine süße Mischung – wie »die süßen Wasser Asiens«. Nun kann ich mich in Frieden wieder hinlegen. Ich bin mit Herz und Seele bei Dir. Kein Bitten, kein Suchen. Du bist Du, und ich bin ich. Und wir haben uns getroffen und sind durch ein heiliges Band vereint.

*Henry*

*Freitag, 11. Mai 1979*

*Liebste, innigst geliebte Brenda,*

Dein Brief heute mittag hatte eine etwas verheerende Wirkung auf mich. Verzeih, wenn ich das sage, aber Dein Gesundheitszustand, Deine psychologische Haltung *und* Deine Lebensphilosophie – alles geht mir gegen den Strich. Du nimmst das Leben zu unbekümmert, mit zuviel Bravour, wenn ich so sagen darf. Man muß bescheidener sein. Du bist nicht auf der Welt, bloß um groß Furore zu machen und dann abzutreten. Was glaubst Du denn, wer Du bist? Alexander der Große eroberte mit noch nicht 30 Jahren die Welt, aber er starb einsam im Herzen von Indien, ohne daß er auch nur das geringste von seinen gigantischen Anstrengungen gehabt hätte. Wir sind auf Erden, um das Leben zu genießen, das Beste daraus zu machen, und nicht, um eine Sensation zu werden oder einen großen Namen zu erringen.
Du kannst nicht alles auf einmal machen. Warum solltest Du auch? Du genießt das Leben nicht wirklich – Du trainierst Dich bloß hindurch. Herkules war nicht der größte unter den Göttern, auch wenn er der stärkste gewesen sein mag. (Verwechsle nicht Gesundheit mit Kraft.) Nein, Dein Leichtsinn erinnert mich an den Sezessionskrieg. Die »Rebellen» (Ihr alle) wurden sogar von den Yankees wegen ihres kühnen Schwungs und Elans bewundert, *wegen ihres Leichtsinns*. Du bist genauso.

Brenda, ich will nicht, daß Du vor mir gehst. Ebenso wenig gefällt mir der Gedanke, bloß Deine Krücke zu sein. Mein Wunsch ist es, mit Dir zusammenzusein (zum Vergnügen, zur Freude und Weiterentwicklung), und zwar so lange wie möglich. Ich kann mir nicht vorstellen, Dich zu begraben. (Außerdem würde Deine Mutter mir nie verzeihen. Wo war ich, ein erwachsener Mann, als ihre schöne Tochter sich zu Tode schuftete? Und so weiter und so fort.) Und sie hätte recht. Du versicherst mir immer, wieviel ich Dich lehre, aber wenn ich Dir nicht beigebracht habe, wie man lebte, habe ich Dich gar nichts gelehrt. *Zu leben* – das ist die Hauptsache. Leben bis in die Wurzelfasern Deines Seins! Kapiert?
Brenda, liebe Brenda, Liebe bedeutet mehr, als für den anderen nur ein großer Star zu sein. Wenn ich dächte, daß Du Dich umbringst, bloß um der Welt, Deinen Eltern oder mir etwas zu beweisen, würde ich Dich bestürmen, davon abzulassen. Du brauchst niemandem etwas zu beweisen. (Kurz gesagt: »Such nicht nach Wundern, Du bist das Wunder.«) Und, wie der gute Franziskus von Assisi sagte – das gilt für *mich*!! – »Versuch nicht, die Welt zu verändern. Ändere Welten.« Du siehst, in einer Hinsicht lagst Du gar nicht so falsch, als Du Dir vornahmst, Nonne zu werden. In jener begrenzten, kleinen Welt herrschen Schönheit, Reinheit und tieferer Sinn. Die große, lärmende Außenwelt ist bloß ein einziger Scheißhaufen. Hier gibt es keine wahren Werte. Es ist gleich, was Du Dir zu werden vornimmst, solange Du nur ganz Du selbst bleibst und die ewigen Werte nicht aus den Augen verlierst.
Ich denke, ich habe so etwa alles gesagt, was ich sagen wollte. Hoffentlich weißt Du, daß es aus *Liebe* geschah. Ja, ich liebe *Dich* mehr als das Leben, aber es ist das Leben, das uns weiterlieben läßt, oder? Es tat so wohl, heute morgen diesen Überraschungsanruf zu bekommen. Bedeutet mir alles. Nun gib gut auf Dich acht.

*Henry*

P. S. Ich weiß, daß Du Dein Leben unmöglich grundlegend ändern kannst. Die wenigsten von uns können oder tun das. Aber du könntest Dich um ein bißchen Mäßigung und etwas mehr Lebensfreude bemühen – nicht nur Arbeit und Training!

*Freitag, 5 Uhr nachmittags*

*Geliebte!*

Ich denke an Dich, wie Du trotz Deiner Erkältung durch die Gegend rennst. Was bist Du doch für eine tapfere Frau!
Was ich einfach nicht verstehen oder »schlucken« kann, ist, wieso trotz aller Rührigkeit alles so langsam vorangeht. Ich frage mich, ob es der Engel in Dir ist, der Dir in die Quere kommt? Du solltest »auf Anhieb« engagiert werden.
Ich mußte lachen (im stillen), als Du Warren Beatty als »Gentleman« bezeichnetest. Du meinst natürlich einen »*Südstaaten*-Gentleman«. Genau wie ich immer zwischen einem *britischen* und einem echten Gentleman unterscheide. Der echte Gentleman kann zwar auch einmal einen Fauxpas begehen, doch sieht man automatisch darüber hinweg.
Ich muß hier abbrechen, weil meine Augen so trüb sind. Ich liebe Dich so sehr und fühle mich so hilflos, jetzt, da Du Hilfe und Beistand brauchst. Das macht mich richtig traurig.
Zieh Dich warm an, wenn Du ausgehst, liebe Brenda. Paß auf, daß Du keinen Zug bekommst. Falls ich irgendwas für Dich tun kann, laß es mich wissen. Nun zurück ins Bett. Ich liebe Dich von ganzem, ganzem Herzen.

*Henry*

*Sonntagabend*

*Liebste Brenda,*

nachdem ich am Telefon von Deiner indianischen Großmutter gehört hatte, fiel mir ein, vorzuschlagen, daß Du eines Abends bei einer gemütlichen Unterhaltung die gezogene Spirale erwähnen könntest und rauskriegen, ob die Indianer nicht ihre eigene Verhütungsmethode hatten, vermutlich ohne solch mechanischen Kram oder Pille. Wahrscheinlich benutzten sie Kräuter in der einen oder anderen Form.
Ulkiger Gedanke, wie? Aber ich habe große Achtung vor der indianischen Weisheit. D. H. Lawrence berichtet in einem seiner Bücher, wie er nachmittags einem Indianer begegnete, der sich arg den Knöchel verstaucht hatte. Am selben Abend sah er den Mann tanzen, der Fuß schien völlig in Ordnung. Haben ihre eigene Heilkunst – wie alle primitiven Völker.
Ich liebe Dich so sehr, so zärtlich. Habe gestern den ganzen Tag unablässig an Dich gedacht. Weißt Du, trotz all der »geilen« Briefe, die ich Dir schreibe, habe ich nie solche Gedanken, wenn ich im Wachen an Dich denke. Oh, ja, ich würde Dich gern berühren – aber das ist auch schon alles. Du bist zu schön und heilig, um entweiht zu werden. Stell Dir vor, das sagt der Autor von *Wendekreis des Krebses*! Tra, tra, trallala!

*Henry*

P. S. Ich muß es wiederholen – ich liebe Dich unendlich. Wenn Du meinst, New Mexico tut Dir gut, dann fahr. Und all meine Gebete und guten Wünsche werden Dich begleiten. Vielleicht wirst Du Beatty verpassen (am 20. Juni), aber wir können ihn ohne weiteres ein andermal einladen!

*23 Uhr 30, 7. Juli 1979*

*Geliebte Brenda,*

es ist erst eine halbe Stunde her, seit Du mich angerufen hast, um mir zu sagen, wie glücklich Du heute warst. Du ahnst ja nicht, wie glücklich mich das gemacht hat.

Nach Deinem Anruf entdeckte ich eine weitere merkwürdige Übereinstimmung in unser beider Leben. Englund hat Dir doch erklärt, es sei nicht leicht, Dich zu besetzen – Du seiest kein Typ – das gleiche ist mir mehrmals passiert, wenn ich mich mit Lektoren und Verlegern rumquälte. Der Redakteur, der mir $ 350 für meinen Artikel über *Worte* zahlte (in den 20er Jahren – damals soviel wie $ 1200 heute), erklärte mir, sie könnten meinen Beitrag in ihrem Magazin nicht drucken, weil er »zu gut« sei.

Und Du erinnerst Dich vielleicht, wie der berühmte Lexikonredakteur meinem Vater einen Brief schrieb, nachdem ich ihn interviewt hatte, in dem stand: »Ihr Sohn ist ein Genie.« Und mein alter Herr schaut mich verdutzt an und fragte: »Meint der etwa dich?«

Ja, Brenda, Du wirst aufsteigen wie eine Rakete, wenn Du erst einmal eine gute Rolle kriegst. Spektakulärer Durchbruch. Die Leute merken jetzt schon, was in Dir steckt. Ich küsse Dich jetzt nur auf die Stirn, wie man es bei der Statue der Venus von Milo tun würde oder bei einer indischen Göttin.

Segen über Dich und weiterhin viel Glück!

Gute Nacht, liebes Herz!
*Henry*

*Montag, 11 Uhr abends*

*Darling,*

bin bloß aufgestanden, um in der Küche nachzusehen, wie spät es ist. Bin neugierig, ob Du Dir bei dieser Szene im Kurs die Seele aus dem Leib schwitzt.

Brenda, Liebes, komisch, daß ich Dir, einem Mädchen aus dem Süden, erklären muß, wie man sich während einer solch schrecklichen Hitzewelle verhält. Du mußt *innerlich* ruhig werden, darfst nicht klagen oder dagegen angehen; spiel einfach toter Mann. Tu gar nichts, sondern leg Dich ins Bett oder auf den Fußboden. Gib Dich erotischen Phantasien hin. Die Hitze bringt das Blut in Wallung, macht einen scharf, läßt die Genitalien schwellen, erfüllt einen mit ununterbrochener Sehnsucht nach Beischlaf. Spiel mit Dir selbst, wenn nötig, aber versuch nicht, Dich abzukühlen, wo's keine Abkühlung gibt. Man muß einfach die Zähne zusammenbeißen und durchhalten.

Hoffentlich kühlt es sich bis Donnerstag so weit ab, daß wir ins Gardens können. Wenn es zu schwül und drückend ist, sollten wir einfach daheim beiben – Du in Deiner Schwitzkammer und ich in meiner. Aber ich habe solche Sehnsucht nach Dir. Hoffe, Dich vielleicht sogar noch vor Donnerstag zu sehen, und sei's nur, um Dich in einem wunderbar durchsichtigen Kleid zu berühren. Trag jetzt keine Hosen. Laß die Luft zwischen Deinen Beinen zirkulieren. Stell dir vor, Du gibst Deinen Gefühlen nach. Mache jetzt Schluß, weil ich mindestens neun Stunden von Dir träumen möchte ... Wie ist die Probe letzten Samstag verlaufen? Diese Szene hätte eine vollkommene Posse werden müssen.

Paß gut auf Dich auf bei dieser Hitze. Keine Anstrengungen. Laß Dich einfach nur treiben. Wenn Du schwitzt, um so besser.

Dein unheilbar romantischer und ewiger Geliebter,

*Henry*

*Dienstag, 18. Juli 1979*

*Über Vampirella*

Ich habe hier und da ein bißchen reingelesen. Es ist zweifellos zeitgemäß – verrückt, sehr derivativ und auf Zehnjährige zugeschnitten. Aber ich ackere mich durch. Kann mir bloß nicht vorstellen, daß Du diesen Mist liest. Mist hin oder her, in den Händen versierter Filmleute könnte bestimmt ein Kassenschlager draus werden. Sind ein paar erstaunliche Dialoge und Episoden drin. Aber im Endeffekt läuft es (meiner Ansicht nach) auf »Sarsparilla« hinaus, wie ich Dich ursprünglich mißverstanden hatte.

Wir leben in einem synthetischen Zeitalter, die Filme spiegeln das wider. Daher findet selbst der Schund Anklang beim Publikum. Daß *Dir* dieser Stoff gefiel – und immer noch gefällt –, verblüfft mich. Ist mir schleierhaft. Weiß ich, wer Du bist? Von welchem Planeten bist Du herabgestiegen? Wer hat Dir das Leben geschenkt? Wie sind »sie« auf Mississippi gekommen? Wegen des »Schimmers«? (Du stiegst aus dem Pool, schimmernd wie die Venus Andromeda des großen Florentinischen Malers – Du weißt, wen ich meine.)

Bei alledem bin ich verrückter nach Dir denn je. Mein Rücken fühlt sich an wie durchgebrochen. Aber meine Hand hält immer noch den Füller.

Lange genug, um meine unsterbliche Liebe zu Dir zu erklären. Du süßer Paradiesvogel. Grüße Deine Navajo-Großmutter herzlich von mir.

Schreib mir ein paar Zeilen, wenn oder falls Du Zeit dazu findest.

Deine ewige Liebe
*Henry*

*20. August 1979*

Ja, meine *liebe, liebe Brenda*, wenn Du mir fehlst, ich mich nach Dir sehne, mich frage, wo Du wohl sein magst, dann weiß selbst ich, »was Leiden heißt«.
Aber gewöhnlich bleibt mir diese Empfindung erspart. Du hältst mich über Deinen Verbleib auf dem laufenden. Du rufst mich zu jeder Tages- oder Nachtzeit an, der Himmel segne Dich dafür.
Ich spüre, daß Du nie »fort« bist von mir. Ich habe keinen Schoß, in dem ich Dich tragen könnte, und auch keinen Beutel, worin australische Känguruhs ihre Jungen rumschleppen, aber mein Herz und meine Seele, ja meine Eingeweide tragen Dich immerzu.
O Brenda, mir ist klar, daß die ganze Welt Dich liebt, Dich anbetet. Laß Dich nie von irgendwem unterkriegen. Vergiß nie, wer Du bist – die Königin. Als die wurdest Du geboren, und als die wirst Du sterben. Du bist besser als Corelli, Anaïs, June – die ganze Bande. Du wurdest dafür geschaffen, nur von Genies bewundert zu werden, denn das sind die wahren Kenner.
Muß Schluß machen. Rücken und Steiß tun weh. Das ist Liebe, nicht wahr?
Ich schicke Dir alle Arten von unverfälschter Liebe. Alle kommen von Herzen.

*Henry*

P. S. Wäre ich ein wirklicher Künstler, würde ich ein paar Skizzen von Dir oder ein paar Phantasieporträts beifügen. Ich hasse es aufzuhören, wo ich noch so erfüllt bin von Dir. Sogar meine Hoden verzehren sich nach Dir. Jetzt weißt Du's!

*28. August 1979*

*Liebste Brenda, meine Liebe, mein Leben!*

Daß *ich* Dich kränken konnte – so respektlos sein, wie Du es ausdrückst, bestürzt mich.
Wenn ich schuldig bin, bitte ich Dich von ganzem Herzen um Vergebung.
Brenda, Du bittest um die Erlaubnis, diese beiden Filme machen zu dürfen. Natürlich. Nur frage ich mich, ob es klug ist, meinen Verleger um die Rechte für *beide* auf einmal zu bitten. Die kommen womöglich auf die Idee, Du verträtest eine Gesellschaft. Falls und wenn Du schreibst, dann wende Dich an Griselda Ohanessian (Armenierin, glaube ich), auch wenn sie nicht für die Rechte verantwortlich ist. Aber sie mag und versteht mich und wird sich Deiner annehmen. Du sprachst davon, Millionäre zu kennen, von denen ein Vier-Millionen-Dollar-Darlehen nicht schwer zu bekommen sein würde. Das verschlug mir fast den Atem, weil ich immer dachte, Millionären Geld aus der Tasche zu ziehen sei ganz besonders schwierig. Mir hat mal ein Millionär ein 100-Dollar-Darlehen verweigert – und ich war damals berühmt. All meine Unterstützung kam von Leuten, die kein Geld in der Tasche, aber ein goldenes Herz hatten.
Liebe, liebste Brenda, Licht meines Lebens. Ich hoffe sehr (egoistischerweise), daß ich am Leben bleibe, nur um Deine Liebe zu besitzen.

Auf immer und ewig
*Dein!*

P. S. Was muß der Sünder tun, um seine Schuld abzubüßen?

Kolumbus-Tag, 12. Oktober – Montag

*Chérie,*

wage ich es wirklich, mit dieser Handschrift das folgende auf die Tuschzeichnung zu schreiben, die Du für würdig erachtest, ein Geburtstagsgeschenk zu sein? (Die Eingangsworte stammen aus einem Baudelaire-Gedicht.)

Il sera au-delà comme ici-bas;
soleil, étoiles, montagnes, oiseaux, fleurs,
pédérastes et les amours sublimes, comme c'est le cas
pour moi et toi.

Übersetzt: *Es wird genauso sein im Jenseits wie hienieden;* Sonne, Sterne, Berge, Vögel, Blumen, Päderasten und erhabene Lieben, wie die zwischen Dir und mir.
(Die unterstrichenen Wörter sind von Baudelaire. Der Rest ist von mir.)
*Tout pour aujourd'hui!*

»Le bel aujourd'hui!«<br>Henry

In flüssigem Stil geschrieben, *comme ceci . . .*

*

*Henry hatte einen häufig wiederkehrenden Traum, den er indes nicht zu seiner Zufriedenheit auslegen konnte. Eines Nachts rief er mich gegen 2 Uhr morgens an und erzählte mir, ich sei das kleine Mädchen mit dem lockigen Haar, das wie ein helfender Engel an seiner Seite stünde, um ihn zu beschützen. Ich erinnerte mich nicht, daß er danach wieder über den Traum gesprochen hätte.*

*

*Thanksgiving, 1979*

*Liebe Brenda,*

ein Traum, den ich gestern nacht wieder hatte. Viele Leute versammelt, aber wer dicht bei mir bleibt, ist ein kleines Mädchen mit lockigem Haar, etwa 7 oder 8 Jahre alt. Niedlich, einfühlsam, rührt sich nicht von meinem Bett fort. Dann ist da eine Riesin, die aussieht wie ein Porträt von Matisse. Sie ist ungefähr zweieinhalb Meter groß und trägt einen geflochtenen Schlapphut – unheimlich groß, was ihre groteske Gestalt noch betont. Dann sind da ein paar Frauen, die nur etwa einszwanzig groß sind, mit kleinen Haarknoten mitten auf dem Kopf. Manche *wirklich* häßlich. Keine schönen Stimmen – nur ein stetes Gebrumm. Als diese Vision verblaßt – so plötzlich, wie sie gekommen ist –, höre ich Stimmen und Musik – zumeist Schlager aus der Zeit der Jahrhundertwende – wie »Wait till the Sun Shines Nelly«, »School Days«, »Meet Me Tonight in Dreamland«, »Roses, roses, roses, keep dreaming of you dear«, und dann ein stetes Summen oder Murmeln von Stimmen, die nicht zu verstehen sind. Ich frage mich von Zeit zu Zeit, ob dies ein Vorstadium des Wahnsinns ist.

Ich wüßte gern, was Du bei Euch daheim so machst. Wie geht es Sally Venus, und ist Joey nicht da? (Laß uns nicht vom Teufel sprechen!) Aber ich bin sicher, er wird zu Thanksgiving seinen Truthahn essen. (Grade eben, als ich den Kopf wandte, stand das lockenköpfige kleine Mädchen neben mir und sah zu mir auf. Irgendwie niedlich, soweit ich sehen konnte. Wahrscheinlich sind meine Augen übermüdet. Aber jeden Tag kommt ein Haufen Post.)

*H. M.*

*24 Uhr 30, Dienstag*

*Brenda, Brenda,*

der Gedanke an Dich läßt mich nicht schlafen. Bin ziellos durch die Bude gewandert – bloß so zur Übung, gewissermaßen.

Was mir zu schaffen macht, ist – nun, eine Reihe von Dingen. Wie Du allein in Paris zurechtkommen wirst. Oder, falls Du Dich mit einem galanten Troubadour einläßt, wie Du ihn von Deinem Boudoir fernhältst. Die Franzosen sind alles andere als romantisch. Wie Shylock verlangen sie ihr Pfund Fleisch. In meinem Kopf gehe ich so viele erdachte Gespräche durch, die Du mit den Kavalieren führst, die Dich ganz bestimmt belagern werden. (Werde sie in französischem Notizbuch für Dich festhalten!)

Dein Französischlehrer sollte Dir beibringen, womit Du Dich in Paris durchschlagen kannst – idiomatische Ausdrücke. Nicht bloß: »Ecoute!« Du mußt die Grundbegriffe der Grammatik beherrschen: Tempora, Konjugationen, Geschlechter, *la politesse*, etc.

Jetzt fällt mir ein, wo das Hotel Le Royal liegt: auf dem Blvd. Raspail, nur ein paar Schritte von der Kreuzung mit dem Blvd. du Montparnasse entfernt.

Überlege mir ständig, wer Deinen Führer und Beschützer machen könnte – Dir einfache Hotels und Restaurants zeigen, etc., etc. (Dir beibringen, wie man »Monsieur« ausspricht.)

Es macht mich rasend, daß ich Dich nicht begleiten kann. Und dann, was Du antworten sollst, wenn Verehrer Dich nach mir fragen.

Ich glaube nicht, daß sie wissen, wie behindert ich körperlich bin. Und warum und wie Du mich in diesem Zustand hättest mitnehmen sollen.

Brenda, liebe Brenda, ich vertraue Dir uneingeschränkt. Ich möchte Dir nur den Weg ebnen. Erkundige Dich bei Deinen französischen Freundinnen nach Hotelpreisen – einfache Hotels – und einfache Restaurants – wo die zu finden sind.

Alles hat sich grundlegend verändert, seit ich das letzte Mal dort war. Zum Beispiel *le pourboire* (Trinkgeld) für die Madame, die *les cabinets* (Toiletten und Telefon) betreut, betrug damals 10 oder 15 Centimes. Heute erwägt man, den Centime abzuschaffen, genau wie wir dran denken, den Penny loszuwerden.

Es gibt so vieles, was man im voraus wissen muß. Du wirst nicht mehr einfach ziellos herumspazieren können wie bei Deinem letzten Besuch.

*Und* sei vorsichtig mit dem Joggen. Der Verkehr in Paris ist mörderisch. Die halten nicht, um Fußgänger über die Straße zu lassen – sie überfahren einen.

Jetzt erinnere ich mich an eins meiner Lieblingsrestaurants: Res. des Sts.-Pères, Ecke Rue des Sts.-Pères und Boulevard St.-Germain. Besinne mich auf ein berühmtes Hotel, in dem Oscar Wilde übernachtet hat – bei der Académie des Beaux Arts, Rue Bonaparte.

Vielerlei fällt mir wieder ein. Es geht mir einzig um Deine Sicherheit und Bequemlichkeit.

Habe heute zwei Aquarelle gemalt. Eins finde ich recht gut. Das andere von einem »Irren«, hauptsächlich *crayon* und Aquarelltubenfarben. Hoffentlich wirst Du bis Donnerstag wieder ganz gesund! Erzwinge nichts. Gib Deinem Körper Gelegenheit, sich von der strengen Lebensweise zu erholen, der Du ihn unterwirfst!

*Mit all meiner innigen Liebe!*

*Henry*

*Mittwoch*

*Liebes Herz,*

brr – nein, ist das eine Kälte. Dabei könnte glatt einem Eskimo das Hirn einfrieren! Gestern abend hat Maureen gekocht, und heute morgen hat sie eine Liste mit Pariser Hotels in den Briefkasten geworfen (gute, preiswerte Häuser zwischen $ 30 und $ 50 pro Nacht). Klingt gar nicht schlecht! Hoffentlich bleibt es dabei, daß Du Dich mit Kristine Hurrell zusammentust.

Sava und ich haben Samstagabend 2 ½ Stunden damit zugebracht, einen französischen Brief an Fellini auszutüfteln. Als wir ihn fertig hatten, war ich zu müde, um den an François Truffaut in Angriff zu nehmen. Vielleicht könntest Du ihm auf Englisch schreiben, ganz wie Du meinst. Auf die Art triffst Du womöglich den richtigen Ton! (Stell Dir vor, ich hätte einen solchen Brief von Dir gleich zu Anfang bekommen. *Oder habe ich etwa so einen gekriegt?* Es scheint, ich erinnere mich hauptsächlich und vor allem an Fotos. Diese herrlichen Brüste, die schlanke Taille, die phantastischen Beine. Welche Schönheit!) Sehe Dich immer noch vor mir, wie Du beim ersten Mal auf mich gewirkt hast. Du hast Dich nicht verändert. Du wirst zusehends ätherischer, faszinierender, kommst dem Perihel immer näher.

Ich muß jetzt schließen, mein Liebling. Meine Augen sind überanstrengt. Später mehr – keine Sorge.

Vielleicht rufe ich morgen in der Früh bei Dir an.

Dein in Ewigkeit, meine Geliebte!
*Henry*

14/11/79

Brenda, Brenda, wie kann ich Dir sagen, wieviel Du mir bedeutest, sowohl geistig wie körperlich. Manchmal meine ich, ich sei wie einer der Heiligen des Christentums – überbordend vor Verlangen! In anderen Momenten ganz zufrieden, wenn ich Dich nur aus der Ferne verehren kann, in dem Bewußtsein, daß ich Deine Liebe und Dein volles Verständnis besitze. Stelle mir Dich im Geiste dauernd vor, mal in Paris, mal in New Orleans – an irgendeinem aufregenden Ort, wo Vestalinnen nicht hingehen, wo aber jeder zweite eine Erektion hat oder einen Körper, berstend vor Begierde. (Und ich bin weit fort – sehe nichts, sage nichts, höre nichts, *weiß von nichts*. Fürchte mich vor dem Wort *Champagner*. Hoffe, daß Du eine Begleiterin hast, Kristine Hurrell zum Beispiel, die sich auskennt und die Sprache spricht.)
*Est-ce que tu me suis?* (Folgst Du mir?) Was für Lektionen habe ich nicht noch für Dich bereit. Und was für Umarmungen! Werde nie genug von Dir bekommen, Dich nie genug lieben, nie genug von Dir haben. Du bist immer bei mir, immer und für immer. Du bist die *crême de la crême*, *le ne plus ultra*, *la bien aimée*. *Tout*, *tout*. Hoffentlich revanchierst Du Dich – *geistig*. Morgen (oder heute abend) das Imperial Gardens. Wenn ich nur vierzig Jahre jünger wäre. Du verdienst es. Aber ich liebe Dich mit allem, was in mir ist – *toujours et à Jamais!*
Ich gehe jetzt zu Bett, um von Dir zu träumen. Gott sei Dank ist heute Kurs-Abend und kein »frivoler« Abend.

Alles Gute, meine Geliebte!
Mögest Du auf ewig in
Gottes Hand sein!
*Henry*

Was kann einer mehr geben als *Liebe?*

*Sonntag, 18 Uhr 30*

*Liebe, zärtliche Brenda,*

wie warst Du doch heute einem helfenden Engel gleich. So geduldig, so aufmerksam, so *serviable*. Und Du schienst nicht ärgerlich, als Dr. Sewel kam. Wunderbar von Dir. Seltsamerweise hast Du nicht nur ein hitziges Temperament, sondern auch das Gegenteil – das heißt Gelassenheit, Selbstbeherrschung, Geduld, Verständnis.

Madame Langmann spürt all diese Eigenschaften in Dir und bewundert Dich um dieser und all Deiner übrigen Tugenden willen.

Ich wünschte, ich könnte gleich mit der Übersetzung ihres Briefes beginnen, aber meine Augen sind immer noch entzündet. Jetzt verstehe ich, warum mein Augenarzt nicht mehr für mich tun konnte.

Es ist diese allgemeine körperliche Verfassung, die auch meine Sehkraft in Mitleidenschaft zieht.

Direkt neben mir liegt Jacquelines wundervoller Brief – und ich kann nur ein schwaches Echo davon widergeben. Und kaum das. Außer, daß ich stolz gewesen wäre, ihn an mich adressiert zu sehen. Seltsamerweise *war* er an *mich* adressiert, aber für Dich bestimmt. Doch sie hat uns auf derselben Wellenlänge, Zwillingsherzen und -köpfe und -seelen.

Beachte auch, wie die Liebe, wenn sie tief und echt ist, nie zu Ende geht, sondern sich immerzu weiterentwickelt. Das Wunderbare an unserer Liebe ist ihre Beständigkeit – kein Streiten und Versöhnen – kein Trennen und Wiedervereinen, sondern immerwährende Blütezeit. Wie bei den »Roses of Picardy«, stimmt's?

Und das bei zwei so merkwürdigen Wesen – Du aus Mississippi, ich aus dem 14. Bezirk in Brooklyn.

Absolute Gegensätze, und doch eins in Herz und Sein. Vive Vivekananda!

Ja, Brenda, so impulsiv Du auch manchmal bist, im Grunde bist Du recht gefestigt, stets selbst treu. Jacqueline unterstreicht Dein Bedürfnis nach Bestärkung. Aber weißt Du, was ich glaube? Daß *jeder*, der sich in diese Filmwelt begibt, besonders viel Bestärkung braucht, oder, um es anders auszudrücken, wer immer Talent hat (oder das Zeug zum Genie), hat einen schweren Stand in dieser Welt. Dieser Planet ist nicht geschaffen für Genies.

Hinzu kommt noch, daß alle, die ich kenne, zur Zeit ein bißchen verwirrt und verunsichert sind. Vieles davon geht auf das Konto des Planeten Uranus – wirkt gleichermaßen auf Genie und Dummkopf. Wir kriegen einen Vorgeschmack von dem, was 1984 ins Haus steht, glaube ich. An der Schwelle zu Krieg, Katastrophe, etc., aber noch scheut die Menschheit davor zurück.

Niemand ist willens, auf den Knopf zu drücken und den großen Knall auszulösen. Mir gefällt das französische Wort dafür: la grande *foutaise* (alles im Arsch).

So, meine Liebe, Bill ist grade gekommen und macht eine Suppe und nochmal Yoghurt. Die Suppe – frag Deinen jüdischen Arzt – wie der an Hühnersuppe mit Matze-Bällchen glaubt! Ich mag die Matze-Bällchen. Aber da sind 'ne Menge Kohlehydrate drin, *non*?

Macht Dein Französisch Fortschritte? Probierst Du's ab und zu bei Kristine aus? Gute Möglichkeit, richtig Übung zu kriegen. Versuch auch, mein französisches Büchlein zu lesen: *Je ne fouis pas plus con qui un autre.* Schlag nicht im Wörterbuch nach. Unterstreiche Wörter oder Sätze, die Du nicht verstehst. Lies die wieder und wieder – beachte den *Kontext*.

Muß hier Schluß machen.

Ob ich Dich liebe? Leuchten die Sterne? Dreht sich die Erde?

*Wo Du bist, da bin auch ich.*

*Dein Geliebter*

*(Von Jacqueline Langmann)*

*Lieber Henry,*

... was Brenda angeht, so umarme ich sie zärtlich und freue mich sehr, sie zu kennen, und trenne Euch beide in meinen Gedanken nie. Ich habe mir Euer jeweiliges Horoskop angesehen, und ohne mich zu wiederholen, was ich Euch beiden bereits dazu gesagt habe, besteht eine grundlegende Übereinstimmung zwischen Euren beiden Planeten. Planmäßig festgelegt ...
In Pluto – der vieles im Leben repräsentiert, insbesondere aber den Einfluß, den einer auf die Massen haben könnte, auf das allgemeine Publikum, findet sich das Zeichen der Waage im Fünften Haus – Liebe, höhere Ziele und Theater –, wenn er in völliger Harmonie mit Uranus ist – besonders ab November 1980. Ist daher ausgezeichnet für ihre Arbeit. Brenda besitzt fraglos schöpferisches Talent. Ich weiß nicht, wie sich das auf ihre Karriere auswirkt, aber sie verdient jedenfalls Bestärkung.
Von Dezember 1979 bis Februar 1980 stoßen Neptun und Uranus zusammen ... Neptun ist die Illusion, deshalb ist es wichtig, ihm zu mißtrauen, er kann in manchen Augenblicken liebenswürdig, ja sogar ermutigend wirken, aber hier ist es ratsam, mit beiden Füßen auf dem Boden zu bleiben. Man sollte immer auf seine Gesundheit achten, wenn kleine Unstimmigkeiten auftreten ...
Mein Brief wird zu Weihnachten oder am 26. ankommen – hoffentlich.

*Jacqueline Langmann*

*Donnerstag, spät*

*Meine Liebste,*

Du bist eben gegangen. Es ist, als sei eben in der ganzen Stadt der Strom ausgefallen. Du bist fort. Tagelang keine Brenda mehr. Muß lernen, ohne Brenda zu leben. Ich kann denken; ich kann warten; ich kann ohne auskommen – nur nicht ohne Brenda. Du bist mir ins Fleisch eingebrannt, in meinen Geist, mein Alles. Du ähnelst so sehr den Navajos, über die ich in meiner Jugend gelesen habe. Erscheinst geräuschlos, gehst lautlos – bist ständig um einen.
Allein mit meinen Träumen . . . Ich spreche nicht mehr von meinem Verlangen, meiner Begierde. Zu anstößig. Du hast es heute abend gesagt – »vornehm und elegant«. Nicht im mindesten geschmacklos. Immer in Erwartung. Immer auf dem Sprung. Ein Panther in Seide und Hermelin. Ein stummer Schnüffler. Einer, der entschlossen ist zu überleben. Kein Wiedergeborener, sondern ein ewiger Engel der Güte, der Gnade und des Lichts.
Ich wünsche Dir eine gute Nacht, mein liebes Herz. Träume von Deinem zukünftigen Ruhm und Glück!

Dein
*Henry*

*29/12/79*

*Liebe, liebe, liebste Brenda,*

ich kann es nicht erwarten, Deine Adresse in Paris zu bekommen. Mein Herz quillt über vor Liebe und Bewunderung. Ich muß Dir schreiben. Erst einmal, zu meiner großen Überraschung hatte ich einen herrlichen Geburtstag – Telegramme, Anrufe aus dem Ausland, jede Menge Blumen und ein phantastisches Essen mit Barbara, Ruth und Bill. Ich hatte einen Blackout wie jetzt meistens entweder beim Frühstück oder beim Abendessen. Ich ziehe mich zurück, wenn ich die Ohnmacht nahen spüre. Ich bekomme immer noch Glückwünsche. Heute kriegte ich einen Brief von Fred oder Alf oder Joey. Er hatte nie ein Exemplar des Buches bekommen. Also ging er hin und kaufte sich ein paar und schrieb mir darüber – ein schöner Brief. Durrell hat mir auch geschrieben, aber in der Hauptsache über sein neues Buch und was er versucht hat, darin auszudrücken – vieles davon zu hoch für mich. Er schrieb mir aus Sommières, wo grade seine älteste Tochter (die Schauspielerin) auf Besuch war.

Eine 9-Minuten-Auswahl unseres Radiogesprächs ist an 200 Sendestationen rausgegangen. Erinnert mich an das, was Madame Langmann über Dich gesagt hat – wie Du ganz plötzlich die Aufmerksamkeit der Welt erringen würdest. *Plötzlich.* (Uranus steckt dahinter.) Oh, wieviel Gutes hat sie Dir prophezeit! Und sie hat Dich wirklich gern, so wie alle, die Dich kennen.

Und erst jetzt komme ich zu meinem Lieblingsliedchen an Dich. Als ich aufstand, fühlte ich mich von Deiner Wärme umhüllt. Ja, als ob ich aus Deinem Schoß hervorkäme. Ich nuckelte an Deiner Brust. Ich sah Dir in die Augen, ohne zu blinzeln. Ich gab mich Dir einfach hin, jede Faser, jeden Zoll liebenden Fleisches. Ich kenne Dich, Brenda Venus, als Mutter, Schwester, Geliebte, Göttin, die ich verehre. Ich kenne Dich und verehre Dich in allem, was Du bist, in Deinen Eigenheiten, Deinen gebieterischen Forderungen, Deiner außergewöhnlichen Gabe Deiner Selbst.

Jedes Mal, wenn ich auf die Uhr schaue, rechne ich rasch nach, wie spät es gerade in Paris ist – und überlege, wo Du wohl bist, was Du machst. Übrigens bin ich neugierig, ob Notre Dame Dich nicht ein bißchen enttäuscht hat. Chartres überragt sie als Kathedrale bei weitem. Frag Deine Freundin. Ich versuche mich noch immer auf den Namen meiner Lieblingsstraße zu besinnen. Ich kann Dir die Orte benennen, wo sie anfängt und endet, wenn das hilft. Sie beginnt an der Place de la Contrescarpe und windet sich runter zu Les Gobelins.

An dem Platz würdest Du sie auf Anhieb erkennen – sie ist schmal und zu beiden Seiten der Straße drängen sich Lebensmittelläden, die ihre Ware draußen auf der Straße feilbieten. Oh, was würde ich darum geben, diese Straße mit Dir entlangzugehen. Erinnerst Du Dich an *Père Goriot* von Balzac? Nun, eine der zahlreichen Straßen, die in die meine einmünden, war es, wo Balzac seinen Père Goriot ansiedelte. In einer anderen Straße lebte der Protagonist aus *Confession de Minuit* – auch eins meiner französischen Lieblingsbücher. Der Anfang geht so: »Je me nomine Louis Salavain.« Es gibt eine ganze Serie über ihn.

Liebe Brenda, muß hier abbrechen – mein Auge will nicht mehr. Wie tragisch, an allen Fronten zu versagen, wenn ich Dich liebe wie ein beflügelter Dämon (der Gnade). Adieu für ein Weilchen. Bis jetzt noch kein 12-Seiten-Brief – aber ich glaube fest daran, daß er kommen wird. Vielleicht hast Du vergessen, Marken draufzukleben.

Dein zutiefst liebender,
zutiefst getreuer
*Henry*

*Paris, 30. Dezember 1979*

*Liebster Henry,*

*heute ist Sonntag, der 30. Dezember, der vorletzte Tag dieses Jahres, und ich bin nun schon seit über einer Woche in Paris. Ich schreibe dies, um mich selbst daran zu erinnern, daß mir nur noch eine Woche bleibt, ehe es Zeit wird heimzukommen. Ich habe schon die wundervollsten Erlebnisse gehabt, die ich gewiß nie vergessen werde. Die Zeit vergeht wie im Flug, wenn man glücklich ist, und ich bin andauernd »berauscht« (wie Du sagen würdest). Mein Französisch kommt allmählich wieder, und ich fange an, mich richtiggehend heimisch zu fühlen. Ich spüre, daß diese Leute mich sehr mögen, und ich bin natürlich jeden Augenblick und jede Sekunde verliebt. Ich kann nicht schlafen! Seit Tagen habe ich nicht mehr als drei Stunden pro Nacht geschlafen. Ich gehe früh zu Bett, aber ich sehe immer wieder nach dem Fenster, um nicht zu versäumen, wie das Tageslicht hereinkriecht. Sogar der Regen ist romantisch. Ich kann nichts essen. Ich habe mehrere Pfunde ab- und nicht zugenommen, wie Du vorausgesagt hattest. Das Essen ist selbstverständlich ausgezeichnet, aber gestern abend habe ich mir Nurejews neue Ballett-Choreographie* Manfred *angeschaut und zum Schluß mindestens eine halbe Stunde lang geheult, geschwitzt, gelacht und aus Leibeskräften »Bravo« geschrien. Meine Hände waren rot und brannten vom vielen Klatschen. Die Kritiker haben das Stück in der Luft zerrissen, aber das Publikum gestern abend erkannte die Genialität der Aufführung, und wir tobten alle vor Begeisterung über diesen extravaganten und aufrührerischen Strom unbewußter Schönheit, oder soll ich sagen bewußter? Er war phantastisch, aufmerksam, konzentriert und ging sogar so weit, mich auf die Bühne zu ziehen, damit ich als Primaballerina mitwirkte. Anschließend ging ich ins Maxim zum Dinner, und obwohl das Essen umwerfend war, konnte ich nur ein paar Bissen runterbringen... Ich schwebte einfach auf dieser unverfälschten Energie von Paris. Ich liebe Paris zu jeder Stunde. Ich wünschte, Du wärest hier, um mir* Dein *Paris zu zeigen, aber ich trage mein kleines Buch, das Du für mich geschrieben hast, überall mit mir herum und versuche, die Stadt mit Deinen Augen zu sehen. Ich bin so unheimlich froh, mein kleines Buch zu haben. Es kommt mir sehr zugute.*

*Ich habe die Dali-Ausstellung im Centre Pompidou gesehen und begeistere mich seither noch mehr für ihn. Sein Werk ist so – sinnlich, es hat wirklich die unterschiedlichsten Empfindungen in mir ausgelöst.*

*Heute will ich mir die Picasso-Ausstellung anschauen. Kann's kaum erwarten! Meine Füße tun weh vom vielen Laufen. Sie werden nie mehr sein wie früher, das weiß ich. Ich werde nie mehr Ballett tanzen können.*

*Habe zwei Filme auf französisch gesehen. Yves Montand konnte ich sogar verstehen. Er ist wunderbar. Werde heute Lawrence Durrell anrufen und versuchen, bei ihm vorbeizuschauen. Ich habe* Justine *gelesen und war begeistert.* Balthazar *habe ich angefangen. Was ist dieser Mann doch für ein phantastischer Dichter. Ich hoffe, Du spürst meine Begeisterung. Ich wünsche mir so sehr, all das mit Dir zu teilen. Habe Deine Agenten getroffen, die Hoffmans. Sie waren sehr nett, sehr jung und gar nicht aggressiv, wie ich glaubte, daß Agenten sein sollten. Sie haben gesagt, wir wollen versuchen, Interviews mit Truffaut und Wertmüller für Dich zu arrangieren. Ich sagte:* »Es ist nett, daß Sie's versuchen, aber es wäre noch besser, wenn Sie mir ein Treffen verschafften, da Lächeln am Fuße der Leiter einer der Hauptgründe für meine Parisreise ist und ich diesen Film so gern für Henry machen möchte. Ich verdanke ihm so unendlich viel, daß ich ihm ein Geschenk machen möchte.« *Sie verstanden mich. Außerdem hängen unsere Fotos in ihrem Büro. Wirklich sehr schön, mein Schatz.*

*Hoffe, Du bist wohlauf und guter Dinge. Du sollst wissen, daß ich Sehnsucht nach Dir habe, Dich von ganzem Herzen liebe, ständig an Dich denke und schneller daheim sein werde, als Du mit Deinen schönen blauen Augen blinzeln kannst, die leuchten wie die Sterne am Himmel.*

*Ich bin auf dem Weg zur Messe. In Paris und Rom gehe ich schrecklich gern in die Kirche. Gibt mir ein großartiges Gefühl!!*

*Mit all meiner Liebe auf immer und ewig,*

*Brenda*

# *1980*

*Von Los Angeles aus unternahm Henry alles nur Erdenkliche, um mir zu helfen, einen Filmvertrag für seine Buchvorlage abzuschließen. Er versuchte mit Telegrammen, mir den Weg zu ebnen.*

*

T ■
260305Y PARIS F
003 2358
260406JD PARIR F
===

MR MICHAEL HOFFMAN
77, BLVD SAINT MICHEL
75005 PARIS

===
ZCZC SJD542 PSW823 4-05953 4s003
FRXX CO UWNX 076
TDMT PACIFIC PALISADES CA 76/73 03 0555P EST
PAGE 01/54
GEORGES HOFFMAN AGHOFF
PARIS

Bitte Brenda ausrichten habe eben ihren ungewöhnlichen Brief vom Flugzeug erhalten. Habe noch immer keine Pariser Adresse von ihr. Anschrift von Madame Langman ist Le Capellan 1028 Preverenges (Vaud) Schweiz. Glaube Durrell ist in Sommieres. Versuchen Sie Lina Wertmüller für Europa und Jason Robards für Amerika. Zum Teufel mit Warren Beatty. Hat sie
4-059534s003 GEORGE PAGE 02/19

SCHON PLÄNE FÜR RÜCKKEHR. KEINE WORTE STARK GENUG
MEINE LIEBE AUSZUDRÜCKEN. IST SIE NOCH IN PARIS
HENRY MILLER

CCL
NNNN■
260356Y PARIS F
26040 JD PARIR F

*

*Aber daheim, allein, verließen ihn seine Kräfte.*

*

## ODE AN BRENDA IN B-MOLL

Ist es wahr, daß ich nie jemanden
so geliebt habe wie Dich?

*Ja und nein, les deux à la fois.*
Unfaßbar.
Heute nacht tut das Herz mir weh.
Es leidet unter dem ersten Ansturm
des Zweifels.
Plus Frustration, plus Neid,
plus Eifersucht und so weiter ohne Ende.
Es ist nicht so sehr ein »Herzflimmern«
als vielmehr ein qualvoller
Schmerz im Herzen.
Ein unheilbarer Schmerz.
Und doch muß und wird er Linderung erfahren.

Ich klammere mich an den Gedanken, daß in eben diesem
Moment –
falls Du nicht in jemandes Armen liegst –
Du mir schreibst, daß Du
mich zärtlich liebst.

Ich würde gern an allerlei Erfreuliches
denken, romantische Nichtigkeiten,
Frösche, die in der Wüste quaken,
die Bisamratte, die die Nacht vertrödelt,
et cetera, et cetera.

Aber die Tage und Nächte des »et cetera«
schrumpfen beängstigend rasch.
Zweifel knüppeln sie nieder
mit einem bloßen fadenscheinigen Verdacht.
Verzweiflung gewinnt die Oberhand,
führt ins *le néant*, jene furchtbare Sackgasse,
in der nichts mehr blüht
und alles sich in Rost verwandelt.
Roter, roter Rost – der Rost der Seele,
den wir so geschickt verbergen,
wenn wir ihn überhaupt verbergen.

Mein Herz tut nicht nur weh, es erbebt.
Wie ehedem mein Schwanz.
Die Nummer »1« des Pythagoras ist nutzlos,
ebenso wie die Miniaturpillen aus Dynamit
oder die Konzentration
und sogar das NAM MYO HO RENGE KYO!

Alles ist nutzlos.
Es geht nur um Dich und mich –
ein zentraler Schmerz,
eine Anekdote.

*Der Getreue*

Sonntag, 7. Januar 1980

Mein allerliebster Henry,

ich bin in New York und warte auf das Flugzeug, das mich heimbringt. Ich habe zwei Stunden Aufenthalt und will Dir rasch ein paar Zeilen aus Deinem alten Heimatstaat schreiben. Es schneit, ist bitterkalt, und ich finde es großartig. Ich habe Dir nie gesagt, wie gern ich den Schnee mag. Das tue ich nämlich, mußt Du wissen. Er ist belebend!

Ich hatte ein sehr, sehr langes Interview mit Gilles Costay vom Le Matin. George Hoffman fungierte als mein Interpret oder Dolmetscher. Da das Interview etwas über zwei Stunden dauerte, weiß ich wirklich nicht, ob es geglückt ist, aber ich will optimistisch sein und das Beste erwarten, oder soll ich sagen, auf das Beste hoffen?

Wie Du weißt, kann man, wenn gedolmetscht wird, das Resultat nie vorhersagen. Also ... Ein Fotograf hat auch Aufnahmen von mir gemacht, während ich redete, und nach dem Interview eine Rolle Film abgedreht (fürs Fernsehen).

Unmittelbar danach bin ich mit François Truffaut zusammengetroffen und habe ihm Lächeln auf französisch überreicht. Er sagte, er habe fast all Deine Bücher in seiner Bibliothek, Lächeln aber nicht. Er hat es vor langer Zeit gelesen, erinnnerte sich aber nicht mehr an die Geschichte.

Menschlich hat er mich sehr beeindruckt. Er war schüchtern und charmant, sprach ein fabelhaftes Englisch, obgleich er das Gegenteil behauptete. War sehr bescheiden. Fragte dauernd nach Dir, Deiner Gesundheit, Deiner geistigen Verfassung etc.

Er ist ein großer Bewunderer von Dir. Er sagte, er glaube auch, daß Ein Teufel im Paradies einen guten Filmstoff abgeben würde. Also heißt es abwarten, ob er sich dafür interessiert, einen Film über Clowns zu machen, ein Thema, an dem er sich ja noch nie versucht hat. Ich war erleichtert, als ich ihn das sagen hörte. Wenn ein Regisseur einmal ein bestimmtes Thema behandelt hat, versucht er sich selten nochmal daran.

Jedenfalls wird er mir schreiben, wenn er das Buch gelesen hat. Ich habe ihm auch ein Exemplar von Joey gezeigt, und er fand das Bild *auf der Rückseite sehr schön. Ich habe ihm gesagt, wir würden ihm ein Exemplar schicken, und er war natürlich entzückt.*

*Eugène Braun-Munk, Dein Verleger, lud mich zum Kaffee ein, und ich fühlte mich in seiner Gesellschaft sehr behütet, genau wie bei Durrell. Ich fühlte mich neben ihm sehr wohl, und er hat gesagt, wenn ich in Rom bei Fellini oder Wertmüller Hilfe brauche, kann und wird er mir helfen. Ist das nicht phantastisch? Aber natürlich eins nach dem anderen.*

*Gestern habe ich mit Edith Sorel Kaffee getrunken, und ich mochte sie auf Anhieb. Ihre Eleganz und ihr Charme sind typisch französisch. Wir haben in sehr kurzer Zeit über eine ganze Reihe von Themen gesprochen und verstanden uns so gut, als würde ich sie schon ewig kennen. Ich glaube wirklich nicht, daß unsere Unterhaltung ein Interview war. Ich denke, es war einfach eine Unterhaltung. Sie erzählte mir von ihrem Interview mit Woody Allen und Truffaut und noch ein paar Leuten und mit Dir. Sie mag Dich als Mann sehr und sieht in Dir den großen Geist unserer Zeit, genau wie alle anderen, die ich hier kennengelernt habe. Bei meinem nächsten Besuch in Paris werde ich hoffentlich mehr Zeit mit ihr verbringen können. Sie war gerade nach Paris zurückgekehrt, mußte aber schon wieder aufbrechen. Phantastisches Timing, puh. Das Timing ist mir aber egal, da ich eine Erfahrung machen konnte, die ich nie, nie vergessen werde. Ich hoffe sehr, daß ich ihr gefallen habe! Man weiß ja nie.*

*Die größte Hilfe war dieser wunderbare, großartige Freund von Dir – Lawrence Durrell. Ich habe öfter mit ihm telefoniert, und es war wirklich Durrells Verdienst, daß alles so reibungslos geklappt hat. Er ist so ein himmlischer Mensch, ich hoffe sehr, daß ich ihn besuchen kann, wenn ich wieder herkomme.*

*Paris habe ich von ganzem Herzen liebgewonnen, und Paris liebt Dich. Ich danke Dir vieltausendmal, daß Du diesen Traum hast wahr werden lassen, wie all meine Träume durch Dich wahr werden. Du bist ein Engel mit einem Zauberstab.*

*Jetzt ist es Zeit für den Abflug nach L. A., also werde ich schließen und Dich bald wiedersehen.*

*Es gibt keine Worte, die meine Liebe zu Dir ausdrücken könnten.*

*Gilles Costay fragte, was genau Henry Miller mir bedeute, und ich antwortete:* »Alles!«

Auf ewig die Deine,
*Brenda*

*

*Henry wurde allmählich immer hinfälliger, und das Schreiben fiel ihm zunehmend schwerer. Doch obgleich wir oft miteinander telefonierten, uns gelegentlich trafen, schrieben wir einander auch weiterhin.*

*

*22. Januar 1980*

*Mein Henry auf ewig,*

*ich lerne sooo viel von Dir. Du hilfst mir, das Leben zu verstehen. Du bist der Vollkommenheit so nahe wie eine Rose. Dein Wille, Dein Geist, Deine Kraft sind phänomenal. Ich stehe immer in Ehrfurcht vor Dir. Vor Dir als Mann. Der phantastischste Mensch von der ganzen Welt. Mir ist, als ginge alles Positive in meinem Leben auf Dich zurück. Du bist fest in meinem Herzen verankert und in meinem Geiste, in meiner Seele. Die Rose, die nie welkt, das Licht, das nie verlöscht.*
*Jetzt denk Dir, kann ich die Dinge einfach nehmen, wie sie sind. Das ist wirklich ein Schritt vorwärts, nicht?*
*Dank Dir befasse ich mich mit dem Augenblick, dem Heute. Ich sorge mich nicht um den morgigen Tag, ich weiß, er kommt früh genug. Jeder Tag ist mir sehr kostbar, besonders, wenn ich Dein Gesicht sehe, Deine Hand halte, Dir in die Augen schaue.*
*Tony und Val haben Dich sehr lieb. Ich habe Tony gestern beobachtet,*

*als er Dich ansah, und ich konnte die Liebe spüren, die er für Dich empfindet.*
*Ich weiß, es ist schwierig für Kinder und ihre Eltern, weil es immer Meinungsverschiedenheiten wegen der verschiedenen Einstellungen gibt. Es ist komisch, daß genau die Dinge, die Eltern an ihren Kindern mißbilligen, Eigenschaften sind, die sie bei sich selbst nicht leiden können und umgekehrt. Tony geht bald fort, hast Du ihm in letzter Zeit mal gesagt, daß Du ihn sehr lieb hast? Es ist nicht so schwer, das zu sagen . . . Ich liebe Dich, ich liebe Dich, ich liebe Dich. Mir gibt es ein wunderbares Gefühl, wenn ich es zu demjenigen sage, den ich liebe. Ich wüßte gern, ob es anderen genauso geht.*
*Seit Paris fühle ich mich verändert. Ich kann nicht genau erklären, warum, außer, daß in meiner Vorstellung all die Jahre zusammenzurücken schienen. Alles wurde kristallklar. Besonders, wie wichtig es ist, einfach zu sein, ganz und gar ich selbst zu sein.*
*Du bringst mich zum Lachen, zum Weinen, Du bringst mich dazu, für das zu kämpfen, woran ich glaube, und nicht Dinge in Frage zu stellen, die ich nicht ändern kann, sondern sie einfach so zu akzeptieren, wie sie sind, besonders Menschen.*
*Ich hoffe, der Arzt war mit Deiner Gesundheit zufrieden. Und besonders hoffe ich, daß Du viel von meiner Hühnersuppe ißt. Ich weiß, wenn Du ordentlich ißt, wirst Du Dich in ein paar Tagen großartig fühlen. Ich weiß es!*
*Dieser Brief ist zu lang für Deine Augen. Also werde ich jetzt schließen.*
*Deine Aquarelle sind besser denn je, aber ich bin Dein größter Fan . . .*

Mit all meiner Liebe, jetzt und immerdar
*Brenda*

*

*Sonntag, Mitternacht*

*Liebste Brenda,*

ich habe nicht einschlafen können, seit ich heute am frühen Abend mit Dir gesprochen habe. Zu aufgekratzt, zu glücklich, zu alles. Du hast nicht nur Zauberkraft in den Händen, sondern auch in Deiner Stimme, im Geist, in Deinem ganzen Körper. Du bist etwas zum Feiern, wie das Leben selbst. Ich habe gerade Valium genommen und zwei Anacin, die mich gewöhnlich rasch einschlafen lassen, (in der Phantasie) an Deiner Seite, vorzugsweise in Deinen Armen, aber nicht als Hobelhengst – nur als Liebender. Je länger ich Dich kenne, desto größer wird meine Achtung vor Dir und meine Gewißheit, daß all Deine Wünsche sich erfüllen werden. Und ich meine – bevor Du achtzig oder neunzig bist. Ich habe all die Jahre gebraucht, um den Erfolg zu erringen, den man meinem Leben zubilligen mag. Doch in einem anderen Sinne kann ich mir mich als einen Erfolg vorstellen, der dem Mutterschoß entsprang. Ich kam aus einem Schoß und fand Eingang in einen anderen, selbsterschaffenen. Ich sage das, weil ich meine, daß in dieser Hinsicht eine echte Parallele zwischen uns besteht.

Jetzt werde ich langsam schläfrig.

Gute Nacht, mein liebes Herz.
Alles Gute für Dich!
*Henry*

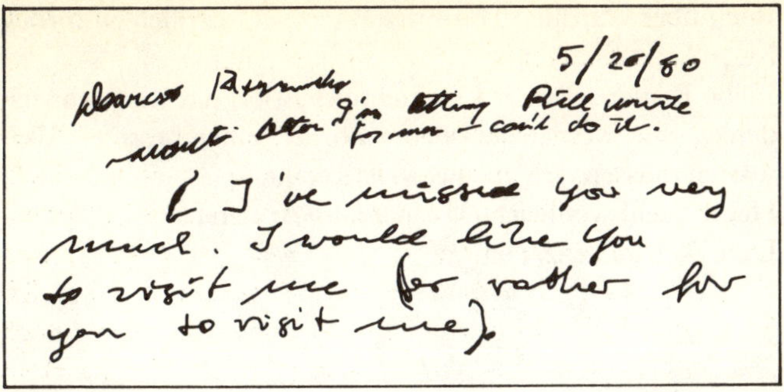
5/20/80
Dearest Brenda
I'm letting Bill write most letter for me – I can't do it.
(I've missed you very much. I would like you to visit me (or rather for you to visit me).

*Liebste Brenda,*

ich lasse Bill diesen Brief für mich schreiben – ich schaffe es nicht.
Du hast mir gefehlt. Ich möchte gern, daß Du mich besuchst (oder vielmehr, daß Du mich besuchen möchtest).
(nochmals angefangen – geschrieben von Bill)

*Liebste Brenda,*

Sandi hat mir geschrieben, daß Du Dich mit mir in Verbindung setzen wolltest und daß es um Dich ginge. Es hat mich sehr bekümmert zu lesen, was Du auf dem Herzen hast, und ich habe mir überlegt, was ich tun kann. Ich nehme an, Du weißt oder vermutest, daß es nicht gut um mich steht – daß ich ausgebrannt bin. Ich werde jetzt Einar nehmen, solange ich 's brauche oder kann. Alles ist zuviel. Ich bin in gewissem Sinne fort gewesen, nicht wirklich, aber so als ob ich verreist wäre. Dies wird Dir wie ein seltsamer Brief vorkommen. Und es ist ein seltsamer Brief. Das ist mir klar.
Soviel ich weiß, wird das Lawrence-Buch gedruckt. Wenn Du willst, könntest Du an Noel Young schreiben, damit er Dir ein Exemplar schickt. Und Du bekommst eins von einem

Buch über Gurdjieff von Fritz Peters, der neulich gestorben ist.
Liebe Brenda, dies ist kein richtiger Brief, das weiß ich. Ich denke, wir werden auf den Anbruch einer besseren Welt warten müssen. Ich glaube, so ist's recht.
Heute nacht werde ich *Dich* in *meinen* Armen halten.
Und Dich *unversehrt* lassen.

*H. M.*

*

*Lebwohl, mein geliebter Henry.*

*B. V.*

*

*29. September 1978*

Und jetzt, ein Mann von 87 Jahren, wahnsinnig verliebt in eine junge Frau, die mir die ungewöhnlichsten Briefe schreibt, die mich zu Tode liebt, die mich am Leben hält und bei der Liebe (zum erstenmal eine vollkommene Liebe), die mir solch tiefe und rührende Gedanken schreibt, daß ich glücklich und verwirrt bin, wie nur ein Teenager sein könnte. Aber mehr als das, dankbar, verbunden, glücklich. Verdiene ich wirklich all das schöne Lob, mit dem Du mich überhäufst? Du veranlaßt mich, darüber nachzudenken, wer ich eigentlich bin, ob ich wirklich weiß, wer und was ich bin? Du gibst mir Rätsel auf. Dafür liebe ich Dich nur um so mehr. Ich knie nieder, ich bete für Dich, ich segne Dich mit dem bißchen Heiligkeit, das in mir ist. Ich wünsche Dir viel Glück, liebste Brenda, und mögest Du diese Romanze mitten in Deinem jungen Leben nie bereuen. Wir sind beide gesegnet. Wir sind nicht von dieser Welt. Wir gehören zu den Sternen und zum jenseitigen Universum.
Lang lebe Brenda Venus. Gott schenke ihr Freude und Erfüllung und ewige Liebe

*Henry*